湛庐 CHEERS

与最聪明的人共同进化

HERE COMES EVERYBODY

MARTIN SELIGMAN

积极心理学之父

马丁·塞利格曼

20 世纪 100 位心理学家中排位最高的积极心理学家

为数不多的、敢于跨越学术与应用樊篱的无畏学者

无助中发现乐观，让整个心理学走出阴郁，直面人性阳光面的启蒙大师

THE MOST FAMOUS PSYCHOLOGIST

26 岁，美国历史上最年轻的心理学教授

1998 年，心理学界最高学术权威机构——美国心理协会以史上最高票数诞生了一位新主席，他就是马丁·塞利格曼。

塞利格曼是一个擅于创造历史的传奇人物：26 岁便获得终身教职，成为美国历史上最年轻的心理学教授；因其经典学术发现——“习得性无助”，入选 20 世纪 100 位心理学家行列，并成为排位最高的积极心理学家；因卓越的学术成就，获颁美国心理协会威廉姆斯奖、詹姆斯·卡特尔奖两大奖项，成为该协会双奖加身的第一人；1998 年，当选美国心理协会主席时，创造了该协会全票当选的历史纪录。

心理学终于认真地研究了“幸福”，塞利格曼博士送给我们一盏明灯，指引我们不断找寻多彩多姿的人生。

情商之父
丹尼尔·戈尔曼

2005 年 1 月《时代周刊》封面

就在 1998 年美国心理协会主席就职致词中，塞利格曼发出了令整个心理学界为之震动的倡议："心理学自弗洛伊德以来始终关注的是对人类病态阴郁的探究，心理学家们热衷于把 -8 的人提升到 -2，而我的目标是把 +2 的人提升到 +6。"

数年后的今天，人们仍将塞利格曼的致词作为"积极心理学"诞生的标志，他本人也成为世界公认的"积极心理学之父"，成为国际积极心理学会（IPPA）终身荣誉主席。

2004 年，塞利格曼受邀出席 TED 大会，演讲视频收看人次超过 400 万。2005 年 1 月美国《时代周刊》封面报道积极心理学的震撼发现，让塞利格曼和积极心理学走入大众视野，启迪并鼓励了更多追求幸福的人。

哈佛最受欢迎的"幸福课导师"本•沙哈尔便是其中一员，他说："我曾不快乐了 30 年，但我知道积极心理学是可行的，因为，它已深深的帮助了我。我想把我所学的东西和别人分享，与是，我决定做一名教师。"

"幸福课"的缔造者

THE MASTER OF HAPPINESS

塞利格曼
幸福五部曲

湛庐CHEERS 特别制作

THE FUTURE OF POSITIVE PSYCHOLOGY

迈向幸福 2.0 时代

美国最权威的心理月刊《心理学》如批评价塞利格曼和他的积极心理学：“塞利格曼倡导积极心理学运动十余年，他的方法吸引了全球的追随者，包括英国首相卡梅伦。积极心理学的崛起势如破竹，过去人们追随 1.0 版的幸福，如今幸福 2.0 时代已经来临！”

幸福 2.0 时代更具全球化特性。从英国顶级贵族学校惠灵顿公学到美国陆军，从英国政府到欧洲 2020 火星计划——塞利格曼和积极心理学的足迹早已遍及中国、美国、英国、澳大利亚等全球数十个国家和地区。

幸福 2.0 时代更关注福祉。2010 年，塞利格曼在新作《持续的幸福》中说：“我期待在 2051 年，全世界的成人中，有 51% 的人可以实现蓬勃人生，这就是积极心理学的‘登月计划’。”

这也是积极心理学的未来。

CHEERS
湛庐

塞利格曼幸福经典4
孙云晓　主编

教出乐观的孩子

让孩子受用一生的幸福经典

[美] 马丁·塞利格曼　卡伦·莱维奇　莉萨·杰科克斯　简·吉勒姆　著
Martin E.P.Seligman　Karen Reivich　Lisa Jaycox　Jane Gillham
洪莉　译

THE OPTIMISTIC CHILD

北京联合出版公司
Beijing United Publishing Co.,Ltd.

The Optimistic Child

主编序

乐观的孩子才会充满希望

孙云晓
中国家庭教育学会副会长
中国青少年研究中心研究员

如果有人问我儿童最需要培养的品质是什么？我会说乐观、兴趣和习惯，并认为这是最重要的儿童教育目标。没有浓厚的兴趣，就没有成长的动力；没有良好的习惯，就没有成长的保障；而兴趣与习惯都离不开乐观这个基础。或许可以说，孩子是否乐观是教育成败的根本标志。

如何做才能让孩子乐观起来？说到这里，我不得不提到一个人和一门新学问：马丁·塞利格曼和积极心理学。

塞利格曼是宾夕法尼亚大学心理学教授、美国心理协会前主席，我本人之所以对他深怀敬意，是因为他以非凡的勇气和智慧创立了积极心理学，提出了从“习得性无助”到“习得性乐观”的教育方向和方法，被誉为积极心理学之父。而他的经典作品《教出乐观的孩子》，更是儿童心理与教育领域罕见的开创性佳作，是广大儿童的父母与教师的必读书。

2012年11月8日晚上，我有幸受到国内知名出版商湛庐文化的邀请，在塞利格曼新书《持续的幸福》的首发仪式致辞，并第一次见到了作者。

作为中国教育的实践者与研究者，我在致辞时列举出了一些研究数据和案例，并说道："中国教育太需要积极心理学了，因为在应试教育的强大压力之下，中国的孩子特别容易产生习得性无助的心理倾向。"首发式结束后，塞利格曼主动与我握手，说："您刚才的演讲非常精彩，其中谈到的中国青少年的教育问题与积极心理学的关系，令我印象深刻。"

塞利格曼的教育启示 1：乐观是可以习得的

塞利格曼以"习得性无助"这一现象的发现而受到国际心理学界的广泛关注。[①]

和塞利格曼实验中受电击的小狗一样，如果我们总是在一件事情上遭遇失败，就可能放弃对此事的努力，甚至还会因此对自身产生怀疑，觉得自己"这也不行，那也不行"。而事实上，我们并不是"真的不行"，只是陷入了"习得性无助"的心理状态中，这种心理让人们自设樊篱，把失败的原因归结为自身不可改变的因素，放弃继续尝试的勇气和信心。

在 40 余年的青少年教育和研究过程中，包括 2013 年 4 月在广东未成年犯管教所开展的系列访谈，我深度接触或调查过许多学业失败乃至人生受挫的青少年，可以肯定地说，大部分儿童失败的源头都与习得性无助密切相关。

塞利格曼的教育启示 2：积极的解释风格

那么，如何引导孩子走出"习得性无助"的误区呢？在《教出乐观的孩子》一书中，塞利格曼教授不仅列出了详细的理论分析和妙趣横生的案

① 马丁·塞利格曼发现"习得性无助"的实验研究，请详见塞利格曼的另一本著作《真实的幸福》，该书中文简体字版已由湛庐文化策划、北京联合出版公司出版。——编者注

例，还给出了具体细致的建议。

在塞利格曼教授看来，能否形成乐观的“积极思维”，关键是解释风格。解释风格从童年开始发展，如果未经干预，就会持续一辈子。

对解释风格的判断有三个维度：永久性、普遍性与个人化。注意这些概念的差别：永久性即事情的起因是否会始终存在；普遍性即起因影响许多情况；个人化即起因就是我，而不是其他人或其他情况。

我举一个消极解释风格的例子：

孩子某次数学考试成绩很糟糕，回家后沮丧地说：

“我永远学不好数学了！”

“我每一次考数学都不可能考好！”

“我是我们班最笨的人！”

作为父母，你会做出何种评价与解释呢?

有的父母可能会安慰孩子：

“老爸老妈数学细胞少，看来你也不是学数学的料。”

有些父母可能会抱怨道：

“真是笨到家了啊！你是马尾豆腐提不得呀！”

这样的解释就是消极的，将失败解释为永久性、普遍性与个人化等难以改变的原因，很容易让人产生无能为力的悲观情绪，从而导致习得性无助。父母消极的解释风格会让孩子更加自卑甚至更加绝望，更难以继续努力。

实际上，许多消极的解释既不利于孩子成长，也不符合客观实际。孩子的一次数学考试成绩很糟糕，并不等于成绩永远糟糕，更不等于他就是最笨的人。

怎样做才是积极的解释风格呢？根据塞利格曼提出的建议，我再举个例子：

孩子某次数学考试成绩很糟糕，情绪很沮丧。

父母开导说："孩子，你能学好数学，你以前的数学成绩不是很好吗？"

"偶尔几次没有考好是正常的，只要坚持努力就一定能考好。"

"你这次没考好不是脑子笨，而是没有好好复习准备。"

这就是积极的解释风格，即把孩子碰到的挫折解释为暂时的、特殊的原因，并向孩子指出这是可以改变的因素。孩子听到父母这样的解释，不仅心情得到安慰，自信心也会有所恢复，而且他可能认清自己，开始走向正确的方向。

塞利格曼的教育启示3：让孩子学会反驳

我格外喜欢"让孩子学会反驳"这一章，塞利格曼教授一句精辟的话令人眼睛湿润："不要盲目地接受对自己的侮辱。"每一位父母和教育工作者可以回想一下，在现实生活中，孩子们承受了多少讽刺挖苦，他们又重复着多少次自我贬低！那么，如何引导孩子发挥自身的力量，从"习得性无助"变成"习得性乐观"呢？塞利格曼教授告诉我们，教孩子反驳的最主要原则就是"正确"：反驳必须根据事实，必须是可证实的。有效的反驳建立在四大基石之上：第一是搜集证据，第二是做出选择，第三是化解灾难，第四是发展反攻策略。

实际上，反驳是不难做到的，因为任何对孩子的简单否定和人格侮辱都是没有充分的事实依据的，更不会有科学理论的支持。举例来说，“差生”就是一个以偏概全的错误概念，没有任何一个学生是真正的“差生”。在积极心理学科学依据的支持下，我们要支持孩子们说“不”，敢于和不公正抗争。

而积极心理学正是发现儿童、解放儿童、发展儿童的新科学。

塞利格曼的教育启示 4：由内而外的教养

我一向主张的一个观点是，好的亲子关系和师生关系胜过许多教育。也许可以进一步说，好的关系需要好的解释，好的解释才是好的关系。父母和教师积极的解释风格可能导致孩子乐观，消极的解释风格可能导致孩子悲观。

细读《教出乐观的孩子》一书的过程中，我时常惊叹塞利格曼教授入木三分的剖析。正如塞利格曼所说：“孩子就像海绵，他们不但吸收你所讲的话，也吸收你讲话的方式。所以帮助孩子的方法之一就是，你自己先获得拒绝悲观的技能。”让孩子获得幸福与乐观的同时，父母和老师必须由内而外地接纳才行。

只有当孩子乐观自信，一切才会充满希望。或许这就是阅读《教出乐观的孩子》这本书的价值所在。

测一测

你了解如何让孩子保持乐观吗？

扫码加入书架
领取阅读激励

扫码获取全部测试题及答案，
一起探索孩子的内心世界

- 坏情绪可能会帮孩子产生心流体验吗？（ ）

  A. 可能

  B. 不可能

- 对孩子来说，“感觉满意”是真的满意吗？（ ）

  A. 是

  B. 否

- 9 岁的姐姐和 6 岁的弟弟同时得到一套积木，姐姐熟练地搭建起太空舱，弟弟却跟不上姐姐的节奏，沮丧地说：“我就是个笨蛋。”这时，父母应如何介入？（ ）

  A. 夸弟弟：“你做得太棒了，一点不比姐姐差。”

  B. 鼓励弟弟：“只要你继续做，一定能比姐姐做得好。”

  C. 代替弟弟搭一个比姐姐更好的太空舱

  D. 与弟弟一起找失败的原因并提出切实可行的优化方案

扫描左侧二维码查看本书更多测试题

推荐序
幸福可以学习，幸福可以到永远

任俊　博士
浙江师范大学心理系教授
国际积极心理学学会理事

当代心理学巨匠

1998 年，他以史上最高票当选美国心理协会主席。他一针见血地点破了当代心理学发展的弊病，指出心理学不应该只研究人类的弱点和问题，而应该同时关注人类的美德和优势。他大力提倡建立一门研究人的积极品质的心理科学——积极心理学，并为这门新学科奠定了结构体系，他是全世界公认的"积极心理学之父"。

1976 年，他破格晋升为宾夕法尼亚大学心理系教授，随着无助感研究的深入，他发现"乐观"这种优秀的性格品质也可以通过后天的学习而获得，研究方向也逐渐开始从悲观转向乐观。

1964 年，他是宾夕法尼亚大学心理系的一名博士研究生，在一次失败的动物行为实验中，他发现并证明了"习得性无助"的存在，轰动了整个心理学界。

到2013年为止，他已经出版了21本书，发表了218篇关于人类动机和人格等方面的文章。

他的名字是——马丁·塞利格曼。

幸福几代人的书

我一直期盼着有一天能把塞利格曼的著作介绍给中国读者，而这一天终于来到了！把塞利格曼的著作引入中国不仅意味着中国积极心理学的发展，同时也意味着我们又多了些获得灵感和激励的机会。不管我们是因何种动机来阅读塞利格曼的著作的，但有一点非常清楚，那就是保持一个积极、健康的心态对于我们的事业和成长都极为重要，而塞利格曼的著作恰恰能帮助我们做到这一点。

阅读大师的著作，尤其是阅读心理学大师的著作应该成为人生经历的一个重要组成部分，它应该被珍惜。尽管有时候我们可能并不能完全理解大师的全部思想，但过去众多的事实证明，这种经历是最有价值的。当你阅读完塞利格曼的这套书后，你一定会发现，自己在这个过程中获得了最有意义的收获和成长。当然，这种收获并不仅限于知识，更重要的是做人和生活。

除了引人注目的学术成就，塞利格曼博士还特别擅长将深奥的心理学研究与大众的日常生活融合在一起，无论是演讲还是专栏，他都能信手拈来且生动有趣，深受听众和读者的喜爱。他的文笔极其优美生动，是美国著名的畅销书作者。

《真实的幸福》——让你充满能量。

这本书以一种通俗而不失科学严谨的方式告诉人们，什么是真正的幸福，怎样才能变得更幸福。其实，真正的幸福来源于你对自身所拥有的优势的辨别和运用，来源于你对生活意义的理解和追求，它是可控的。如果你想变得更幸福一些，不妨照着塞利格曼博士的建议来试试：改变对过去的消极看法，重视当下的积极体验以及对未来的积极期望。

《活出最乐观的自己》——教你永远乐观。

塞利格曼博士用大量令人信服的实验和调查证据告诉人们：乐观的人能在逆境中更好地成长，也更容易走上一条绝妙无比的成功之路！不过，如果你天生是一名悲观主义者，你也不用抑郁，因为书中肯定地指出：乐观是一种可以掌握的技巧！如果需要的话，你可以运用塞利格曼博士推荐的一种有效方法来改变自己悲观的生活态度，这种方法就是学习乐观的ABCDE技术。

《认识自己，接纳自己》——做出最明智的改变。

它也许会颠覆你以往的一些自以为是的观点，比如从长远来看，节食实际上并不能减肥；又比如对于酗酒，目前除了让它自然戒除之外还没有其他更有用的方法来改变这种状态。你从这本书中可以清楚地知道自己哪些方面是可以改变的，而哪些方面却无法改变，是自己必须接受的。塞利格曼博士从改变的可能性和生物局限性出发，帮助你把有限的时间和精力集中在那些能够改变的特性上，并在此基础上找到一条自我提升的最有效途径。

《教出乐观的孩子》——塑造孩子的幸福。

对为人父母的读者来说，这可谓是一本实用指南。在这本书里，塞利格曼博士用他亲身的实践和经历，为家长们提供了一条培养孩子积极品质的捷径。看了这本书，你会成为好爸爸、好妈妈，比如当你的孩子犯错的时候，对他的批评应该恰如其分，要让孩子明白自己错在哪里；当你的孩子有了某种问题而需要改变时，不要把这些问题夸大成为一种永久性的问题。因为，批评和改变都是一种技术，它们有自己的规律和特点，不当的批评很可能会影响孩子成年后的人格特征。

《持续的幸福》——成就蓬勃人生

本书是塞利格曼对幸福理解的分水岭。除了帮助个体探索自身的积极力量，本书在教育、经济、心理治疗和医疗以及公共政策方面都能给人以启发。美国军队正在接受情绪复原力的训练对抗心理障碍；学校不只是一个传授知识的工具性场所，还是一个能激发学生精神成长的生命力场所；企业以提升员工的幸福感为目的却收获了更高的工作效率——这些科学的证据给我们提供了持续幸福的承诺以及可实现的人类蓬勃的远景。幸福不仅是目的，还是一种持续战斗力。

最后，祝愿所有读者都能拥有真正幸福的生活，而这也正是塞利格曼博士为之奋斗一生的事业！

The Optimistic Child

目录

第一部分　为什么孩子需要乐观

The Optimistic Child

第 1 章

悲观在流行

悲观是一种心理防御习惯，这种习惯会带来多方面的恶果，包括情绪抑郁、退缩、较低的成就感，甚至不健康的身体。一个悲观的国家难以把握 21 世纪提供的机会，对外会被更乐观的国家抢去经济优势，对内会因缺乏主动而无法实现正义。

A Proven Program to Safeguard Children Against Depression and Build Lifelong Resilience

我曾是卢胜湖道奇棒球队的接球手，天分不高，十分崇拜丹尼和泰德。丹尼是垒手，泰德则是教练的儿子，担任左外野手。他们都是天生的运动员，可以打出快速球（我从来就做不到这种眼手合作的奇迹），并且滑垒姿势优美。对一个成功击打率只有 11% 的 10 岁男孩来说，他们代表的是美、夏天及健康。每晚入睡前，我脑中最后一个影像总是丹尼冲刺跑垒，或是泰德把一个只能上一垒的安打变成可以偷跑上二垒的滑垒的情景。

北纽约州 8 月的一个清晨，父亲把我摇醒，他说："丹尼得了小儿麻痹症。"一个星期之后，泰德也被传染了。父母把我关在家里，与其他小孩隔离。儿童棒球赛被取消，赛季也被终止了。当我再次看到丹尼时，他投球的手臂已经萎缩，右腿也不能动了。我也再没有见过泰德，因为他于当年的初秋就去世了。

第二年的夏天，也就是 1954 年的夏天，索尔克疫苗上市了。所有的小孩都打了预防针，小棒球队也开始继续比赛，卢胜湖道奇队第一场就输给了汉得利巨人队。那种被关在屋里的恐惧感已不复存在，社区生活也重新开始了。这种流行病已经结束，我再也没有听到任何我认识的人得了小儿麻痹症的消息。

乔纳斯·索尔克（Jonas Salk）是我儿时最崇拜的偶像，一直到我成为心理学家，他都是我的楷模。求知的目的不在于知识的本身，而是为治疗服务。为儿童的体内注射极少量的小儿麻痹症菌体，使人体的免疫系统可以更有力地抵抗外来的细菌，索尔克成功地将纯科学的免疫学应用于我们那个时代最严重的传染病。

30年后，在1984年，我终于与索尔克见面了，这次会面改变了我的一生。这是心理学家与免疫学家展开激烈争论的一次会面，争议的焦点是如何对待一个新兴的科学学科——心理神经免疫学（psychoneuroimmunology，简称PNI）。我以心理学家的身份受邀参加，因为在20世纪60年代，我开创了“习得性无助”（learned helplessness）这个研究领域。

发现“习得性无助”

1964年，当我刚刚开始在宾夕法尼亚大学攻读实验心理学博士时，我胸怀卢胜湖时期的雄心壮志，而这种关怀社会的心态被认为过分天真而落伍。我当时是想要了解人为什么会痛苦，为什么会深陷其中而无法自拔。我选择了实验心理学作为我的终身职业，因为我相信实验是找出心理折磨根源的最佳方法，即在实验室情境下研究并发现治疗与预防的方法。我选择在学习理论方面居世界领先地位的理查德·所罗门（Richard L.Solomon）负责的动物实验室工作。我用动物做实验对象，用人做这种实验是不道德的。

我刚到实验室时，动物们都不听话，实验室里一团糟，所罗门的研究生们正试图找出恐惧是如何强化适应行为的。他们先让狗学会一种经验，也就是巴甫洛夫的条件反射（Pavlovian conditioning，即将信号与电击相匹配）。之后他们又将狗放进一个实验箱中，如果狗跑到箱子的另一边就关掉电击。让研究生们十分发愁的是，这些狗并不通过跑到箱子的另一边来逃避电击。它们只是消极地坐在通电的地板上，动也不动。这个实验最终只好停止，因为没有出现实验者预期的行为，即逃避电击。

对我来说，动物被动的行为并没使我愁眉紧锁，反而成为我后来研究的现象，这就是**人类面对许多无法控制的事件时的反应：经常试都不试就放弃了。**如果心理学能够了解这一点，那人类无助感的治疗（甚至预防）就有可能了。

接下来的 5 年中，我的同事史蒂夫·梅尔（Steve Maier）和布鲁斯·奥维米尔（Bruce Overmier）与我一同致力于研究无助感形成的原因、治疗与预防。我们发现狗的症状并非由电击引起，而是因为对事件无能为力而致。我们发现可以通过教导动物知晓它们行为的影响来治疗无助感，并且可以提供通过早期已习得的各种经验来预防无助感。

习得性无助的发现引起了一阵轰动，学习心理学家为此十分不悦，这些行为主义者认为动物（包括人类）都是刺激—反应的机器，不可能学习抽象意义，而习得性无助则必须学习“我所做的事都没有效果”这一抽象意义。这种抽象过于认知化以致刺激—反应学习理论无法被接受。临床心理学家却对此十分感兴趣，因为习得性无助与抑郁看起来十分相近。在实验室里，无助的动物和人呈现出同样的被动、缓慢、悲伤、无食欲、失去气愤的能力，看起来与抑郁的病人完全相同。① 所以，我提议习得性无助

① 因为自20世纪60年代以来，社会对动物实验的态度已经改变，我本身对此的态度亦有所改变。希望在此对这项工作的道德性谈一些想法。我的观点与其他一些科学家有所不同，因为使动物受苦是不对的，只有在确定实验成果能够减轻人类或动物痛苦而无其他可行方法时，才可视为正当行为。30年前我就相信，习得性无助感的研究会有此种成果。现在，我的看法已被证实是正确的。因为这项工作的成果，发展了新的治疗及预防抑郁的方法。实际上，这本书就是预防计划之一。对无助感的脑部作用及创伤后应激的了解，以及对癌症和心脏病有救命功能的新型心理治疗，也都因此而来。

我同时坚持，一旦记录了狗的基本事项，找出如何治疗及预防无助感的方法，我们就应该停止对狗的实验。这项承诺，我们在20世纪60年代末期就做到了，同时也开始运用所得到的知识去帮助人类。

是抑郁的一种模式，我们在实验室中发现的减少无助感的方法，也可以用来治疗现实的抑郁症。

20世纪70年代，在测验抑郁的习得性无助感模式时，**我们发现某些人（比如悲观者）更容易向无助感屈服。同时，这些人患抑郁症的风险性也较高。**但是，乐观者会抵抗无助感，并且在面临无法解决的问题及无法逃避的噪音时也不会放弃。就是这项计划——鉴别出易放弃及易患抑郁症的特定风险性的人，增强他们的力量并使他们可以抵御无助感——使我日夜思考，直到我遇到索尔克为止。

美国的学术界会议一向都是十分友好、彼此称赞恭维的，但在这次会议上大家却不是很客气。双方为自己的见解激烈争吵，因为这决定着谁可以得到大批的研究经费。摆在桌上的是一份最有钱的麦克阿瑟基金会（The MacArthur Foundation）的资助计划，多数心理学家都赞成这种见解：人们在压力之下更容易得癌症，无助的动物有不良的免疫系统，无法抵抗肿瘤细胞的生长，这似乎说明了情绪问题会加重生理疾病。这种说法其实早就被牧师、病人以及一些医生采用，但是它从未经过实验的证明。事实上，只有从实验中才能将这种现象分解，并在此基础上发展出新的治疗方法。

“当然，”心理学家说，“我们应该探讨情绪如何削弱免疫系统的功能而导致疾病，然后我们就可以找出心理上的治疗方法来增强免疫系统。”

“我们还无法确认从某一方面的免疫可以带来另一方面的免疫的假设，更不用说影响免疫系统或癌症，”免疫学家反驳说，“想要从心理压力方面一路追踪到免疫系统，然后再到癌症，也许只会浪费无数的金钱，麦克阿瑟基金应该花在别处。”当然，我们可以很容易地猜出所谓别处是何处。

心理可以免疫吗

索尔克是个瘦削、沉默的人，似乎置身于纷争之外，当辩论过于火爆时，他会温和地鼓励双方寻找共同之处。可是共同之处一再地转变成战场。当一位诺贝尔奖得主说免疫学才是“真正”的科学时，索尔克仍然不受影响地鼓励“生物学诗人”的重要性。他想维持和平的努力基本没有达到任何效果。令我惊讶的是，这些与会的免疫学家似乎不将索尔克放在眼里。

第二天索尔克邀我聊天，问到我的研究工作以及研究目标时，我向他讲述了习得性无助，并且告诉他悲观会如何降低人们抵抗抑郁的能力。我还告诉他悲观甚至会降低对生理疾病的抵抗力。凑巧，那天正是索尔克疫苗成功使用 30 周年的纪念日。“你就是我所说的生物学诗人，”他笑得很开心地说，“如果今天我还是个年轻的科学家，我仍然会走免疫学之路，但不是在儿童的身上种疫苗，我会应用你的方法，对他们的心理进行免疫。我要看看这些心理上免疫的儿童是否能更有力地抗拒精神以及生理方面的疾病。”

“心理免疫”这个名词不停地在我脑中徘徊。在我的早期实验中，我们曾尝试过做心理免疫，也取得过一定的成效。我们控制动物对电击的反应，以此来教会它们“掌控”电击。只有在动物主动做出反应时，电击才会被取消。在动物尚未有任何无法逃避电击的经验之前，让它们先学会控制电击。无论是在早期或成年期得到“掌控”经验，这些“免疫”过的动物都不会向无助屈服，即使后来遇到不可逃避的电击，它们也不会变得被动。因为想到索尔克疫苗，我们称此现象为“免疫”，这就是我从未兑现的一张远期支票。我感到这张支票终于可以兑现了。掌控的经验或是心理上的乐观，能使儿童远离精神疾病及生理疾病吗？

现在正流行一种与小儿麻痹症类似的流行病，而且患者每年都在增加,这就是抑郁症。抑郁症的病例已经比20世纪50年代增加了10倍以上。一个人患了抑郁症，他会觉得很抑郁，这并非病人唯一的损失，抑郁症还会严重损害一个人的工作能力或学习能力，甚至危害他的身体健康。从更大范围来说，抑郁症的流行还可能影响到国家的前途。如果索尔克的看法是正确的话，那心理学家就可以通过心理免疫来对抗这种流行疾病了。

悲观正在流行

我们不仅希望孩子有健康的身体，还希望他们的生活充满友谊、爱情及高尚的行为。我们希望孩子热爱学习，并且勇于面对挑战。我们希望孩子对他们从父母那儿得到的东西心存感恩，对自己的成就引以为荣。我们希望孩子在成长过程中拥有对未来的信心，喜欢创新，并且具有正义感以及相应的行为。我们希望孩子在面对成长所带来的挫折与失败时不屈不挠，并且在适当的时候，我们希望他们成为称职的父亲或母亲。我们最终的希望就是他们的生活品质会比我们的好，并兼具我们所有的优点，而不再有我们的缺点。

以上这些期望应该都可以达到。父母可以教导孩子们自信、主动、热心、和善与自豪。多数美国孩子生长在一个幸福的时代，生活在一个强大富裕的国家。因此，假设我们是好父母，假设当今的世界对儿童有利，那么我们有理由预期孩子们的生活会在各方面都超越我们。

但是有一项很严重的障碍威胁了我们的期望，它侵蚀孩子们活动与乐观的天性，这就是悲观。**悲观的定义就是，在遭受挫折时滞留在任何最具毁灭性的原因中不能自拔**。目前悲观已经快速成为孩子们对世界的一种典型看法。作为父母，最重要的任务就是防止孩子们对世界的悲观认识的盛行。这本书的目的也在于教导你如何抚养孩子，使他们享受乐观的人生。

为什么你希望你的孩子乐观呢？你也许会想，乐观只是一种心理状态，是一种可以脱去的精神戏服而已。从本质上说，悲观是一种心理防御方式，这种方式会产生巨大的毁灭性后果，包括情绪抑郁、退缩、较低的成就感，甚至不健康的身体。生活的自然改变也无法使悲观动摇，反而在每一次挫折之后，悲观会变得更加坚固，并且很快成为生活的写照。美国正处于悲观的流行病潮流中，这一潮流所导致的严重后果就是抑郁症的袭来。

当索尔克提到“心理免疫”时，我的思想就开始转向流行在青少年中的抑郁症。我知道新近发现的认知及行为上的解决方法，可以有效地减轻成年人的抑郁及悲观。那么以同样的方法教育健康的儿童，就可以让他们以后成功地抵御抑郁吗？这种免疫方法是否可以控制抑郁的流行呢？

如果将成年人克服抑郁的方法教给健康儿童，是否可以帮助他们在学业、工作及运动上获得更好的成绩呢？是否会减少这些儿童身体的疾病呢？所有这些问题，在接下来的几个星期内，不停地在我脑中翻腾。

本书的目的在于教导父母、老师及整个教育系统如何教会儿童习得乐观。我会把过去 30 年内对乐观及无助所做的研究，以及悲观的来源及其潜在的后果告诉你们；我会解释如何判断你的孩子是否出现风险的信号，以及如何将他的悲观转变成乐观，将无助转变成自主。

这本书与其他育儿及自我提升书籍不同的是，它不仅叙述理论与实验，还有一些关于育儿问题的重要建议，例如母乳与牛乳、限制与自由、托儿所与全职母亲陪伴、不参加学校的教育（在家由父母教）、男女性激素、离婚的影响、性虐待所导致的不幸后果以及兄弟姐妹间的敌对情绪等。一些自称专家的人，早已轻率地向大众发表了以上这些方面的意见。更糟的是，许多父母抓着他们的这些建议，基于脆弱的证明、原理和临床的假设，来改变自己抚养孩子的方式。

当儿童教育的资料缺乏时，这种未经检验的建议很容易被采纳，幸好，这种情况已经改变了。过去10年，大规模的谨慎研究已经改变了父母的一些育儿观念。本书提出的建议、计划、有关乐观及自主的原理以及测验，都是根据30年来对千百个成人及儿童所做的仔细研究而得出。如果我的建议仅是猜测或根据本人临床或家庭经验而来（我有5个孩子），那么我会加以注明。

本书针对所有父母，从最富有到最贫穷；也针对所有儿童，从摇篮期到青春期。我还有更大胆的想法，如果不能改变美国的悲观，那么我们的自由、财富以及权利都毫无用处。一个悲观的国家难以把握21世纪所提供的机会，对外会被较乐观的国家抢去经济优势，对内会因缺乏主动而无法实现正义，而我们的孩子终将深陷消极与黑暗中。

第2章

乐观需要从小培养

当青春期所带来的失败与被排斥的感受冒头时，家长应注意抑郁的产生。如今，13岁的青少年中几乎1/3有抑郁的症状，等到他们高中毕业时，几乎有15%的人经历过一次抑郁症状。

A Proven Program to Safeguard Children Against Depression and Build Lifelong Resilience

人类生命的头两年都花在如何从无助的情境中挣脱出来。初生婴儿几乎是完全无助的，是个只有一系列反射动作的生物。他哭的时候，妈妈就会过来。但是他无法控制妈妈的来或去，他的哭泣只是对疼痛或不适的反应；他也无法控制自己是否哭泣，为了从无助中成长及发展自身掌控环境的能力，他必须做出有目的的反应来实现自己的意愿。初生婴儿只能够随意控制那些用来吸吮和转动眼球的肌肉。在生命的最初三个月，他开始控制手臂与腿，虽然这些动作还不成熟，但是很快，他摇动的手臂就会向前抓取，然后当他习得哭泣会叫来妈妈时，他就会控制哭泣了。

头两年使个体具有掌控感的两个重要里程碑行为就是走路与说话。在两年内，我们可以看到为取得自主及成就婴儿所付出的巨大努力。刚学会走路的婴儿，踢开障碍，遇到阻挠仍然继续前进。谢天谢地，他们没有轻易变得无助。罗勃就是一个好例子。

执着地坚持

18个月大的罗勃是杰西卡与乔伊的第一个小孩。父母对罗勃会做的事、能够了解的东西以及沟通的能力，感到十分惊讶并赞赏有加。在晚餐时，罗勃把苹果泥涂在脸上，又将一块特大的玉米面包塞进口中，杰西卡则在一旁忙着告诉乔伊关于罗勃的最新故事。

罗勃最新的兴趣就是沙发背后那块小小的、布满灰尘的角落。他最喜欢从灯桌旁边挤过去，尽管差一点被台灯打到头，但他仍然想要挤到沙发后面那个有插座的地方去。杰西卡实在搞不懂为何这个地方对他如此有吸引力。

每一次罗勃想要到沙发后面时，她都尽量分散他的注意力，起初，她唱巴尼（Barney）的歌："我爱你，你爱我……"唱歌不见效，她又尝试用小木偶发出各种怪声音，但这也没有效果。她甚至还让罗勃将自己埋在沙发的靠垫中，但不管用什么方法，每一次罗勃都坚持要跑到沙发的背后。

罗勃不屈不挠，他母亲阻止他的技巧也越来越有创意。她将婴儿车靠在沙发旁，这样他就过不去了。不过这只维持了两分钟，杰西卡一坐下，罗勃就又摇摇摆摆地走去，趴在地上，从婴儿车底下钻过去了。当罗勃站在沙发背后时，他会一边开心地笑，一边拍手以庆祝胜利。很明显，罗勃以自己的行为为傲。

最后，杰西卡搬了一箱书放在婴儿车的前面，挡住他的去路。罗勃很耐心地等杰西卡做完，然后十分有信心地走向那箱书。起先他把腿抬起来，想从箱子上爬过去，但是箱子太大了。然后他又想把箱子推开，但是箱子太重了。他一脸"我能做到"的表情，用手臂帮助自己爬到箱子上面，一屁股跌坐在婴儿车上，他从婴儿车中爬出来，又到沙发背后去了。罗勃站起来，高兴地喊："到了！到了！"

经过这次经历，杰西卡看出罗勃喜欢攀越的挑战。为了避免翻沙发受伤，她将他带到室外，用旧箱子和枕头盖了一座城堡。杰西卡把小木偶藏在城堡的后面，并鼓励罗勃去找，每一次罗勃翻过城堡找到小木偶时，他就会拿着它，伸向妈妈并且说："到了！到了！"

像绝大多数有婴儿的父母一样，杰西卡不停地阻止罗勃的风险行为。她不愿意罗勃在沙发背后玩，因为那里有许多电线插座。她极力想堵住他的去路，但是罗勃却将这些障碍视为一项挑战，以坚定的意志来找出克服困难的方法。杰西卡可以责骂罗勃，因为他不听话，老是要到沙发背后去，而她的目的也只是想让罗勃不到那里玩耍。但是，杰西卡知道了罗勃将障碍视为一种挑战来克服后，没有采用责骂的方式，而是选择分享罗勃探险后的骄傲。当罗勃达成目的时，她祝贺他，然后为他在一个安全的环境里制造新的挑战。通过这种做法，杰西卡帮助她的儿子得到掌控感，并且遵从她的哲学，不断地为她的儿子创造获得掌控的新机会。

糟糕的示范

掌控行为是形成学龄前儿童乐观心态的大炼炉。在父母的协助下，孩子有可能养成面对挑战不退缩以及克服困难的习惯。一旦孩子进入学校，让孩子拥有了乐观，就可以使他从掌控行为移转到各种思想上，尤其当孩子失败的时候。学龄儿童已经开始思考因果关系，他们对为何成功、为何失败发展了一套理论；他们也发展了一套理论告诉自己如何将失败转为成功。这些理论就是他们是悲观还是乐观的基础。

伊恩今年才6岁，但似乎已经自我发展了一套悲观理论。伊恩的父亲极力想使他增强自信心，结果反倒使情况更糟。父亲下班回家时，在门口大声说："孩子们赶快来，我有一个大盒子正等着你们呢！"伊恩与他9岁的姐姐瑞秋奔到门口，将父亲手中的盒子接下，他们很高兴地发现，盒内装的是他们所见过的最大的积木玩具。

两个孩子立刻坐在地上开始玩，瑞秋开始建造一艘太空船，她很有顺序地把小块连成大块，先做船身，再做机翼。她一边做一边对自己说关于太空船的任务。“我们一定要飞到月球，接回那些太空人，然后我们要提防火星人，以免被他们捉到。”

伊恩试图模仿他姐姐，当瑞秋拿起一块蓝色的方块，伊恩也拿起蓝色的方块，当瑞秋将它接到黄色长方形上，伊恩也将它接在黄色长方形上。但伊恩却无法做成太空船，因为瑞秋的动作太快了，伊恩赶不上她。当瑞秋继续她的太空探险时，伊恩就变得越来越焦躁不安。每一次将积木推倒重新开始游戏，他就很生气。他开始将积木扔向他的姐姐。

父亲看到伊恩在挣扎，想过来安慰他。

父亲：伊恩，你做得真好，我觉得你做的火箭太棒了。

伊恩：才不呢！瑞秋做的才棒，我做的很差，甚至没有办法使机翼稳固。我是个笨蛋，从来就没有做对过一件事。

父亲：我喜欢你做的东西，我觉得你是最好的火箭制造家。

伊恩：那为什么瑞秋做的更大，翅膀更长，而且不会像我的一样机翼老是掉下来？我不能做这个，我不能做成任何事，我最讨厌搭积木。

父亲：不是这样的，伊恩。只要你拿定主意，什么事都能做成。来，把积木给我，让我帮你做，我会帮你做一个能够飞到月球、火星及木星的火箭，它会是世界上最快的火箭，而且它是属于你的。

伊恩：好吧，帮我做一个，我做的从来就不会成功。

父亲的爱心显露无遗，当他看到伊恩因为无法跟上姐姐的进度而难过的时候，他想来帮忙。他的做法是想直接提升伊恩的自信心。他告诉伊恩火箭做得很好，当伊恩质疑自己的能力时，他又告诉伊恩只要拿定主意必可成功。

实际上，父亲在这个过程中犯了三个错误。

第一，父亲说的每一件事几乎都不是真的。伊恩也知道，无论自己如何努力，也无法做出像姐姐所做的那样复杂的太空船。父亲应该说实话，他应该解释当伊恩像瑞秋那样长到 9 岁时，他所做的东西就会更结实，还应告诉他当瑞秋 6 岁时，她所做的东西与伊恩现在做的一样。

第二，为了让伊恩高兴，父亲接手，为伊恩做一个他自己无法做到的东西。父亲所传递的信息是：当事情发展到不是你所想要的状况时，你就放弃而让别人来解救你。为了要建立伊恩的自信，父亲反倒教他无助。让伊恩经受失败并不是一件错事，失败本身也并不是大灾难，它可能暂时降低了自信，但是你的孩子对失败所做的诠释可能更为有害。父亲应该同情伊恩并了解他的心情，使伊恩明白父亲知道他的感受（例如，我记得 7 岁的时候我做了一个风筝，当我的父亲与我要试飞时，它就被吹成 14 片了，我那时觉得好难过），但是父亲不应该为伊恩解决问题。

第三，这是其中最严重的错误，也是本书的主旨：父亲应该对伊恩解释失败的原因并提出反证。伊恩从最糟糕的方面来看待他的挫折与不幸事件，“我是个笨蛋”“我做的从来就不会成功”“我从来就没有做对过一件事”，这些都可能成为造成更多挫折的主要原因。伊恩不仅坚信最悲观的原因，同时以消极、放弃、退缩及抱怨的方式来应对问题。这样伊恩习得悲观甚至不用外力，自己就可实现。

现在心理学家已经发现如何改变悲观。认知心理学家已经发展出一种强有效的方法改变人们失败时所陷入的错误思维习惯。这些方法可以由父母教给孩子，尤其对学龄儿童特别有效。把悲观改变成乐观的方法，就是我用来帮助儿童抵抗抑郁的核心思想。

远离悲观

让我来介绍塔玛拉，她的母亲正在教她如何对抗抑郁。塔玛拉的母亲没有犯像伊恩父亲那样的错误，而塔玛拉也得到了她自己的乐观理论。就像伊恩一样，她也时常遇到挫折，但当她遇到挫折时，她已学会重振信心。塔玛拉的母亲理解塔玛拉的失望，并且教她坚强及主动地解决问题，而不是为了让塔玛拉高兴而歪曲事实，她同时教导塔玛拉以乐观及正确的方式来解释自己面临的失败。

塔玛拉 7 岁时，体重比同龄的女孩重许多，并且不像周围其他小孩般手脚灵活。她母亲为她报名参加芭蕾舞课，以帮助她学习活动的技巧。塔玛拉十分兴奋，迫不及待。开课前一个星期，妈妈带她去买舞衣。塔玛拉选了一件粉红色的衣裙及一双白色舞鞋，每天晚上，塔玛拉都穿上她的舞衣、舞鞋，在家里跳舞。“妈！看我，我是个漂亮的芭蕾舞蹈家。我长大后，要当世界上最棒的舞蹈家！”

当塔玛拉每天晚上换上舞衣时，妈妈就在唱机里放音乐让塔玛拉跳舞。她在一旁看塔玛拉打转，塔玛拉常常失去平衡，跌倒在地上。但她毫不在乎地爬起来，继续随着音乐转圈跳动。

星期二下午是塔玛拉的第一堂课。妈妈带她到舞蹈室，看到其他身材苗条的小女孩在教室里跑来跑去。塔玛拉与妈妈吻别，跟着老师走进教室。一个小时后，妈妈回到教室发现塔玛拉在哭。

塔玛拉：今天不顺利，其他女孩跳得比较好，我一直摔倒，她们都没有。哈肯老师教我们怎样用单脚跳及如何优美地舞动手臂，可是我一直绊倒，而且我的手动起来不像老师教的那样好看，我好难过。

妈　妈：（安慰着塔玛拉）你今天不顺利，我也很难过。我知道当你觉得比不上其他女孩时，你心里一定不好过。有时，妈妈也会觉得失望，例如上班时，所做的事没有我想象中的好。你知道我那时怎么办吗？我尽量练习，大部分工作在我继续努力后都会变得比较好。我有个主意，让我们去找哈肯老师，请她也教我舞步，然后我们回家后就可以一起练习，我相信只要我们努力练习，你上下一堂课时，一定会做得比较好，你觉得怎么样？

塔玛拉：好吧！今天晚饭后，你可不可以和我一起练习呢？我要跳得很好，长大后才可以当芭蕾舞蹈家。

妈　妈：那当然，我们现在就去找哈肯老师。晚饭后，我们把沙发推到后面，把客厅变成你一个人的舞蹈室。

塔玛拉：那一定会很有趣，我要很认真地练习。

塔玛拉对失败的看法是：失败仅是暂时的，而且是局部的（拿“今天不顺利”“其他的女孩跳得较好”和“我从来就没有做对一件事”来作比较）。失败对塔玛拉来讲只是短暂而且可以改变的挫折。有时，事实会证明塔玛拉的想法是错误的。塔玛拉长大后不会成为芭蕾舞蹈家，就好像我长大后没有成为职业棒球队的捕手一样。但是儿时的梦想有很高的价值，努力与练习时常可以补助天才的不足。与不再尝试的伊恩不同的是，塔玛拉会发觉坚强不屈与愉快的精神经常会使她成功。当她从当一名最好的芭蕾舞蹈家的梦中走出来时，她会发现自己跳舞时，可以进入忘我境界，同时古典音乐也成为她一生的喜爱；她也会发觉别人羡慕她的勇气，并且小孩子都很喜欢她的愉快精神。

伴随着生长发育过程，你的孩子对世界的看法会具体化，他可能会悲观、被动和内向。当发育成长过程所带来的失败与被排斥的感受开始时，家长应注意抑郁的发生。现在 13 岁的青少年中几乎有 1/3 的人都有抑郁的症状，等到他们高中毕业时，几乎有 15% 的人已经经历过一次抑郁症。

1984 年，在我对从出生到成年中的悲观与乐观表现进行了 20 年的研究之后，我知道幼年时期的悲观会造成抑郁及低成就感。经由索尔克的提示，我现在假设，这个在成人身上已被证明有效的习得性乐观技巧，若能早点教给孩子，就可以使学龄儿童及青少年免于抑郁的侵扰。

第二部分　孩子不快乐，父母有责任

The Optimistic Child

第3章

父母的教养误区

美国30年来一直努力提倡强化孩子的自尊，如果它真的有效，孩子的自尊就会不断提升，那么这项运动就可以被接受。但在以“感觉满意”来养育孩子的时代，却有件惊人的事正发生在美国儿童身上，那就是他们比以前更抑郁了。

A Proven Program to Safeguard Children Against Depression and Build Lifelong Resilience

我们在美国公立学校里所看到的让我们感到惊讶，也许我们不应该觉得惊讶，因为所看到的只是反映多数战后生育高潮中出生的那些父母养育其子女的方法。大批的美国教师与美国父母正在尽力提升孩子的自尊，这听起来没什么坏处，但是他们运用的方法却会侵蚀孩子的价值观。父母与老师只重视孩子的感受而忽略了孩子的所作所为，比如掌控感、坚持、克服挫折与无聊以及应对挑战，这使孩子更容易抑郁。

适可而止的自尊教育

以下是在美国教室里看到的一些片段：

- “与浣熊一起建立自尊心”的练习：在一张纸上写 14 遍“你很特别”，接下来再写“我很高兴成为你 × 年级的老师，你是如此与众不同”。
- 一张海报上画着鼓掌的手，上面写着“我们为自己喝彩”。
- 一个卡通人物站在镜子面前，看着自己，并且告诉大家“养成爱自己的习惯”。
- 填空游戏，要小孩子填“我很特别，因为……”，例如，“因为我知道如何玩耍”、“因为我会涂颜色”和“因为每个人都让我高兴”。

这种夸张吹嘘的目的很明显，“……我们做每一件事情的基础都是自尊，因此，如果我们从幼儿园起就能够让儿童有很强的自尊感，那他们便可以更明智地抉择未来”。

培养自尊不仅本身是一个矛盾（如果每一个人都很特别，就没有人是特别的了），而且会导致孩子很快就学会不去理睬这种无诚意的恭维。自尊运动导致了一系列有趣的行为，比如废除竞赛，以免使落后儿童自尊受损；放弃智商测验，以免使低分数者的自尊受损；对考试成绩进行处理，以免使那些得到 D 的儿童难过；降低教学目标，以免学习慢的学生伤心（反正现在已经不比赛了）；将竞争视为坏事，不再背诵重要的学习资料，不再有大量繁重的作业。这些做法都是用来保护儿童的自尊心的，否则有些儿童就会被其他人的光芒遮住，他们相信这样的收获会远远超过那些优秀孩子所失去的利益。

与老师一样，许多父母也已被说服，他们经常急切地尽力帮助孩子提高自尊。

难过的兰迪

兰迪是小学五年级的学生。他的老师对他的描述是：聪明、好奇、有创意。兰迪的基础学科的成绩,除了体育课外都优良,兰迪也十分喜爱学校。体育课对兰迪及运动天赋不好的学生来讲，是种有规律的羞辱。布莱德利、盖瑞特与贝丝都能轻易地躲过球，兰迪努力躲避打来的球，但最终不是被打中屁股就是被打中头。更糟的是，他还失去了重心，摔倒在地上。

乔伊是兰迪最要好的朋友，乔伊的动作优美又灵活，因此上体育课时不会被同学羞辱。当老师宣布将要成立一个抢旗足球队来与其他小学比赛时，乔伊小声对兰迪说：“我们应该试着参加预选。”兰迪说他宁愿去死也不会参加。尽管兰迪有很深的忧虑，但乔伊还是说服了他。他告诉兰迪，抢旗足球与平常在体育馆里玩的游戏不同，它不太需要手脚灵活，只要会跑就行了，而兰迪是会跑的。

兰迪的父亲相信成为运动员会对兰迪有好处，于是鼓励他去参加选拔考试。下课后，兰迪不情愿地开始与乔伊一起练习。出乎意料的是，他感到很兴奋，甚至开始喜欢乔伊设计的一些练习，更让他高兴的是自己居然有了一些进步。

决定命运的一天到了。兰迪和父亲以及乔伊来到球场时，看到许多小男孩在踢足球，并经常跌倒，兰迪的兴奋感立刻转变成了恐惧。乔伊拿个球扔向兰迪，接球时兰迪折伤了手指。当乔伊试着跑跳中接球时，兰迪奋力一扔，球在空中打着转，掉在乔伊前面 3 米的地上。父亲想要给兰迪一些最后提示，但兰迪已经听不进去了。

兰迪奔跑练习的成绩倒数第二，他只接到了一个球，并且他所扔的球没有一个扔到接球者附近。

预选结束后，父亲看到兰迪脸上难过的表情，自己心里也很难过。他对兰迪说：“你知道，我相信你在球场上的表现很好，你扔的球虽然没有都扔在线上，但是你有强壮的手臂，你可以继续练习扔球的准确性，那其实并不难。真的，我想你应该为自己感到自豪。兰迪，我相信你明年会被选入球队的，这一次只是不顺利而已。”

“爸爸，你在讲什么？我很差的。我今年没有被选上，明年也不会被选上的。我真不敢相信我竟然来参加预选。坦白说吧，我是个笨家伙。”

不为兰迪的反应所动摇，父亲继续热心地说："你不该这样说，你不能让自己有这种想法。我告诉你，你在球场上表现得不错，我觉得你和其他人一样好。我不要看到你垂头丧气的样子，你应该告诉自己，你做得很好并且下次还会更好。"

"好吧，你说得对，我做得很好。现在我们是不是可以回去了？"

兰迪父亲的用意很好，他看到兰迪内心受到了伤害，立刻想要帮助他。像许多父母一样，他选择积极愉快的方法来提升兰迪的自信心，他好言安慰兰迪，希望能减轻兰迪的痛苦并使他振奋，但是父亲的方法却起了反作用。兰迪并不是个单纯、好哄骗、急于将不愉快的真相忘掉的孩子。父亲的做法使兰迪更加气馁，同时降低了他对自己的信心。

感觉满意 vs. 表现满意

自尊有一个值得敬仰的起源，现代心理学之父威廉·詹姆斯（William James）在 100 多年前就得出这样一个公式：

自尊＝成功 ÷ 自我期望

根据詹姆斯的说法，我们得到越多的成功，并且期望越低，那么自尊就会越高。我们可以通过增加自己的成功或是降低对自己的期望来提高自尊。

詹姆斯将两个水平的心理作用联系了起来：第一，自尊是一种感受状态，比如羞耻、知足、满意等；第二，这种好的感觉根植于这个世界、根植于我们与这个世界的成功交流。一直以来，自尊的两个部分之间的互动——"感觉满意"与"表现满意"，是提供自尊运动的理论基础。"感觉满意"和"表现满意"强调了什么样的自尊才是正确的，更重要的是，指出将自尊直接附加于儿童身上是错误及有反作用的（比如兰迪父亲的所为）。

一些心理学家仍然保存了“感觉满意”与“表现满意”这两个部分，纳撒尼尔·布兰登（Nathaniel Branden）早期曾是艾恩·兰德（Ayn Rand）的门徒，后来是临床心理学博士，现在是自尊运动的领袖，他对自尊的定义如下：

- 对自己的思考能力和应对日常基本挑战的能力有信心（表现满意）。
- 对自己有权利高兴、感觉有价值、有权利追求欲望与需求以及有权利享受努力所获得的成果有信心（感觉满意）。

“感觉满意”并不是真的满意

没有任何有效的方法可以不先教“表现满意”而直接教“感觉满意”。掌控挑战、工作取得成功、克服挫折会获得自尊感和愉悦感，而无聊及抱怨则会带来相反的作用。一旦孩子有了自尊，就会带来更多的成功。孩子会更容易完成任务，烦恼自然就会离开，而其他孩子也似乎会更喜欢他。毫无疑问，能增强自尊感是十分令人喜悦的，但是不先获得与现实世界交往的好成果，而企图直接得到“感觉满意”，就是将因果关系颠倒了。

我们放在“感觉满意”上的代价是过分超前了。亚里士多德有个超越时空的观念：快乐不是一种可以与我们所作所为分开的感受，快乐就好像舞蹈中优美的动作，不是舞者在跳完舞后的感受，而是将舞跳得很好时的一种不可剥夺的成就感。除了正确的行动以外，快乐是无法从其他任何方式中得来的。

我对自尊感的怀疑，是 12 年来与抑郁的成人和儿童一同工作时形成的。无论年轻或年老，抑郁的人有四种问题：行为上的——他们被动、犹豫不决且无助；感情上的——他们忧愁悲哀；生理上的——他们的饮食及睡眠欲望常被困扰；认知上的——他们觉得生活无意义，觉得自己无价值。只有感情上的症状是属于自尊中的感受层面，而我相信这些是抑郁患者的痛苦中不太重要的部分。一旦抑郁的孩子变得积极主动，他的价值感就自然提升了。仅仅提倡自尊的感受层面而不打断悲观和消极的枷锁，则不会有任何成果。如果你的孩子感受自己无价值、憎恨自己或缺乏自信心，那就反映出他相信自己与现实世界的交往存在困难，一旦他与世界或社会的交往得到改进，并且察觉到自己的进步，他的情绪就会有所改善。

学会“表现满意”

我们需要的不是鼓励儿童“感觉满意”，而是教导他们“表现满意”的方法。比如怎样学习、如何避孕、如何远离毒品和帮派以及如何脱离救济金。

有一种与自尊相关的心理状态被看作是影响自尊的一个主要因素，那就是“**解释风格**”（explanatory style）。这种心态是乐观的关键。我将在第6章讨论解释风格，我现在提到，因为它是自尊中感受与表现的基础。当孩子表现不好时，他会问自己“为什么”。他的回答中总是会包括三个方面：是谁的错？要持续多久？我的生活中有多少方面会受影响？这三个不同方面的问题十分重要，因为第一个问题：怨自己还是怨世界——控制了自尊中感受的部分；第二和第三个问题：事件的长久性以及泛化性——控制他回应失败的行为。对自己感到泄气并不会直接造成失败，而相信坏事情会持续一辈子且会危害每一件事，则会直接使孩子选择放弃。放弃造成更多的失败，失败又会损害孩子的自尊感。

一边是提倡儿童的自尊感，另一边是提倡掌控与乐观，这两个方面应该被视为一个不可分割的整体。前者将感觉满意视为主要目标，儿童实际的表现只是一件幸运的副产品，他们认为最重要的是孩子对自己的看法；而后者（像我自己）则提倡实际行为才是主要的训练式教导目标，感觉满意仅是甜美的副产品。

绝大多数的理论家与每一位实践者，都处于这两种看法之间。多数父母与老师，无论他们的理论为何，有时介入只是为了减轻孩子的伤痛，使孩子的心情好一些。多数父母与老师偶尔也让孩子遭受挫折，以形成坚强的品质。受到“感觉满意”的观念影响的人，会介入以使孩子心情转好；受到“表现满意”方法影响的人，会介入以改变孩子对失败的看法，鼓励容忍挫折，并且奖励坚持、毅力而不仅是奖励成功。提倡“感觉满意”的人和有“正面思想力量”的老师，有方法使儿童对自己感觉满意。**“表现满意”的提倡者有两种新方法：一个是从悲观改变成乐观，另一个是从无助改变成掌控**。本书将会教你这两种方法。

第4章

为什么孩子越来越不快乐

刻意缓和恶劣心情，会使孩子更难体会满意的感觉。吓阻失败的感受会使孩子更难得到掌控的感受。减少必要的悲哀及焦虑会使孩子处于罹患抑郁的风险中。鼓励廉价的成功，会造就出未来以失败为昂贵代价的下一代。

尽管有自尊运动的推行，尽管幼儿有乐观的天性，尽管我们的社会提供了各种新的机会，但我们的孩子却仍经历着前所未有的悲观、忧愁和消极。

这怎么可能？难道在这个将感觉满意与提高儿童自尊视为目标的时代，抑郁症事件剧增及自尊感急速下降是个巧合吗？

抑郁症流行

抑郁症是到 20 世纪 60 年代才频繁出现的，典型的病患是中年妇女。20 世纪 60 年代早期，抑郁症开始流行，仅在 30 年后，抑郁就已经成为精神疾病中的普通“感冒”，而最年轻的牺牲者常是初中生，甚至是更年幼的孩子。

我们可从四项研究中了解一些相关的情况。

第一项研究称为 ECA 研究（Epidemiological Catchment Area Study），目的是用来找出美国有多少精神病患者。研究者随机抽出 9 500 名成人作为被试，挨家挨户地去访问他们。访问时所用的诊断性面谈与心理医生用在病人身上的完全相同。

在很短的时间内，研究者与大批不同年龄阶段的成人进行了访谈。每个人讲述他的整个生活史，尤其是他一生中是否有过精神问题，如果有，是什么时候。这项研究让我们多年来第一次了解到精神疾病的概况，看到了 20 世纪精神疾病数目的变化。变化中最令人吃惊的一项就是：**抑郁在人的一生中具有普遍性，也就是在人的一生中至少都发生过一次抑郁。**

当统计学家看到这些结果时，他们发现一件奇怪的事。1925 年左右出生的人，因为年纪较大，从理论上讲有更大患病几率，然而他们却极少抑郁；只有 4% 的人在他们进入中年以前曾有过严重的抑郁。当统计学家看到更早出生者，即在第一次世界大战前出生者的记录，他们发现了更令人惊讶的事。和我们猜想的一样，一生患抑郁的普遍性并没有增加，直到老年才有 1% 的人有过抑郁的经历。但是 1955 年左右出生的人，因为年纪最轻，从理论上讲有最少的机会患抑郁，但却已有 7% 的人在 20 多岁时有过严重抑郁。

这项研究表明，**在"感觉满意"时代以及自尊运动开始推行之后出生的人，比 20 世纪 30 年代出生的人，患抑郁症的比例要高出 10 倍！**

第二项研究是访谈研究，涉及 523 位曾因严重抑郁症住院患者的 2 289 位亲属，研究结果与 ECA 研究同样的令人惊讶。结果显示，在 20 世纪的历史进程中，抑郁症大量增加，甚至在以超过 10 倍的速度增加。以 20 世纪 50 年代出生的女性为例，她们在学校时正是推动自我感觉满意的时代。在她们 30 岁时，有 60% 的人已经有过严重抑郁。而 1910 年左右出生的女性，她们上学时学校强调的是努力工作的价值观，在这种环境下长大的人却只有 3% 的人在 30 岁时有过严重抑郁。这两者之间有很大的不同，这是社会科学观察中从未出现的现象。男性观察结果的统计，也显示出同样惊人的比例。

你可能会说，也许抑郁的剧增只是命名的关系。我们的祖母可能也和我们一样抑郁，但不曾把它叫作"抑郁"，而称它为"生活"。也许我们称之为抑郁的这种无法忍受的痛苦，在以前被认为是人类生活中不可避免的。

现在它变成“不正常”，却是可治疗的，我们相信我们有能力摆脱它。

这些因素都是值得考虑的，但这些看法并没有解释抑郁剧增的原因。研究调查者并不只是问“你是否有过抑郁”，他们是问一生中所发生的每一个症状。“你是否曾经在某一时期每天哭泣，持续两个星期之久？”“你有没有在短期内未经节食瘦了 10 公斤？”“你是否有过自杀的念头？”在某一时期内，这种症状发生的次数越多，诊断就越趋向抑郁。抑郁的剧增也不是老年人遗忘年轻时生活的症状，因为许多人记得他们年轻时经常酗酒及患过精神分裂。

越来越年轻的抑郁症

现在，抑郁不仅更加普遍，并且开始困扰年轻人。从统计数据上看，如果你出生在 20 世纪 30 年代，并且有亲戚患过抑郁症，那么你首次患上抑郁（如果你曾有过的话）的平均年龄普遍在 30~35 岁之间。如果你出生于 1956 年，你的首次患症年龄平均在 20~25 岁之间，提早了 10 年。

第三项研究警告我们：**抑郁症的趋势仍在加速——更多人患上了抑郁症，而且首次发病者的年龄越来越小。**彼得·卢因森（Peter Lewinsohn）博士是美国有名的抑郁症研究者，他与同事随机选取了俄勒冈西部的 1 710 位青少年，进行诊断访谈。出生于 1972—1974 年的青少年，在 14 岁时，有 7.2% 的人有过一次严重抑郁；而出生于 1968—1971 年的青少年，有 4.5% 有过重度抑郁。所谓“重度”，是指有显著的情绪低落、认知失调、态度消极被动、身体健康恶化等症状。

第四项研究在美国东南部，3 000 个 12~14 岁的青少年中，患重度抑郁症的普遍性达到 9%。想想看，9% 的儿童患有抑郁症，这真是前所未闻的。

对我们这些研究抑郁症的人来说，有如此高百分比的儿童在这么小的年纪就重度抑郁和抑郁障碍是令人难以置信的。有过严重抑郁的人，再发病的几率大约是 50%，每两个人中就有一个人会再受 10 年或 20 年抑郁之苦，并且会因此失去人生的许多机会。

消极情绪的好处

焦躁：抵御危机的先锋

对抑郁流行应该负最大责任的一项因素就是**焦躁保护**（cushioning of dysphoria）。在推广“感觉满意”与享受高自尊的时代，美国人开始相信应该极力避免焦躁，比如抑郁与不安。人们认为这些感受扰人心绪，可能的话应该完全摆脱掉，至少要减至极小的程度。但是，在保护坏情绪时，自尊运动也削弱了坏情绪可能带来的好处。

像焦虑、抑郁和气愤这些消极情绪的存在是有其意义的：**它激励你采取行动改变自己或是改变你的世界。**我们很自然地会想要避免恶劣情绪，所以当我们的孩子遭遇消极情绪时，我们会下意识地冲上前去保护孩子，以避免孩子心情不好，这是合理的冲动。但坏情绪也是学习乐观与逃避无助所需要的。焦躁的状态经历了长期进化史，它不仅只是扰人心绪，也传递着许多有用的重要信息：不安警告你风险就在身旁，忧愁告诉你可能有重大损害，气愤提醒你有人闯入了你的领域。所有这些信息必然带来痛苦，这种痛苦会使你重视这些情况，促使你采取行动来排除这些威胁。

坏情绪，像是一个警报系统，并非十全十美。许多信息，甚至大多数的信息其实只是谎报。你的小孩子被人打并不是他人存心的，只是不小心而已！分数低并不一定会令老师认为你很笨！情人节收到开玩笑的卡片也不是别人存心羞辱你。当我们长期心情不好、感到崩溃，情绪又发送出太多的谎报时，我们称此状况为“情绪疾病”。我们使用药物来阻止它，通过心理治疗来改正它。**但是焦躁最大的好处就是：绝大多数时候，它是你抵御风险、防止损失和侵犯的最前锋。**

心流：没有挫折，便无法获得

坏情绪的第二个好处就是可能会产生心流体验。时间可曾因你而停？你何时真正感受自己安定了，不愿再到任何地方去？你会沉浸在踢足球、听唱片、对一群人演讲、画画、谈恋爱、写信给编辑或是进行有关心理学的谈话中吗？这种状态称为心流（flow），是最佳的积极情绪之一，这是使生命活下去的一种状态。学者已经对它展开了长达 20 年的研究，包括哪些人容易经历它，它何时发生，有什么会阻碍它。心流发生在你的方法被应用在最高峰且与勉强可达成的挑战匹配的时候。太少的挑战造成厌烦，太多的挑战或太少的方法造成无助与抑郁。没有挫折，心流就无法获得。没有被失败、重新振作、继续尝试等打断过的连续成功也不会产生心流。奖励、自尊、自信和热情也不会产生心流。缓和挫折、未到时机就解除焦虑和学习逃避巨大的挑战都会妨碍心流的产生。没有焦虑、挫折、竞争和挑战的生活，不是美好的生活，是没有心流的生活。

坚持：当失败来临时

心情不好的第三个好处与克服无助感相关。你的孩子所承担的任何复杂任务，都可能包括许多步骤，每一个步骤都有可能失败。如果他在任何步骤摇摆不定，他必须继续尝试，直到过关，然后才得以继续下一步。如果步骤并不是太多，其中又没有难以克服的困难，他就会成功。但是也只有在每一次小失败后都继续尝试，才有可能成功。如果他在某一步骤不顺时就停止尝试，整个任务也就失败了。

每一次小失败和大失败都会造成心情抑郁，并夹杂着一些不安、忧虑和气愤。如果这些情绪的程度是中等的，就会刺激行动，但它们也有恐吓作用。当你的孩子心情抑郁时，他只有两种技巧可用。他可以停留在那个情境中采取行动，试图通过改变情境来终止抑郁的情绪；或者他可以放弃，离开那个环境，这个方法是以将环境整体移开来终止抑郁情绪。第一种方法我称它为掌控感，第二种我称它为习得性无助。

要使你的孩子经历掌控感，必须先让他经历失败、心情抑郁以及不断尝试直到成功为止。没有任何步骤是可以跳过的，失败与心情抑郁是建构成功与良好心情的必要过程。

20世纪初，致力于研究治疗梅毒的保罗·埃利希（Paul Ehrlich），制成了一种对抗梅毒病菌的药品，称之为606，因为埃利希在这之前研究混制了605种药品都没有效。也就是说，埃利希失败了605次，但仍然坚持下去。

生活中几乎所有最具挑战性的任务都像606一样，成功前失败过无数次。如果不经历过许多失败即可成功的话，打破世界跨栏纪录、与大客户谈成生意或是找到理想朋友，这些也就不是什么稀奇的事了。在极少见的情形下，例如有特定天分或是特别的好运，是可以不经历失败就获得成功的，但是对大多数儿童来说，无须任何努力尝试就可获得的成功通常是没有什么价值的。

儿童需要失败，他们需要感受悲哀、不安及气愤。当我们冲动地去保护孩子，使他们远离失败时，我们也同时剥夺了他们学习606式的技巧。当他们遇到障碍，如果我们像第4章讲到的兰迪的父亲一样，急切地吹嘘自尊，缓和失败的打击，或是以热烈恭贺的言语使孩子分心，那么我们就很难使孩子获取掌控的能力。如果剥夺他们的掌控能力，我们就会降低他们的自尊，就好像是在每一步骤中，他们都会感到渺小、羞耻。

由此，我猜测感觉满意的普遍看法，尤其是自尊运动，是造成大规模低自尊的原因。**刻意缓和心情抑郁，会使孩子更难感觉满意。吓阻失败的感受会使孩子更难得到掌控的感受。减少必要的悲哀及焦虑会使孩子处于罹患抑郁的风险之中。鼓励廉价的成功，会造就出未来以昂贵的失败为代价的下一代。**

第三部分　你的孩子是乐观，还是悲观

The Optimistic Child

第5章

乐观小孩的养成规则

当你批评孩子或当着孩子的面批评自己时，必须十分谨慎，因为你在塑造孩子自责的解释风格，有两项规则你需要注意：第一项规则就是准确，第二项规则是应以乐观的解释风格来批评孩子。

A Proven Program to Safeguard Children Against Depression and Build Lifelong Resilience

孩子的悲观并非与生俱来，也不是直接从现实生活中得来的。许多人生活在黑暗的现实里，比如失业、患了绝症、住在贫民窟，但是他们仍然保持乐观。悲观是一种来自现实的理论，孩子从父母、教师以及大众传播那里学到它，然后再传递给其他儿童。

我们必须打破这种恶性循环。

为什么呢？悲观不就是一种对世界没有任何影响的心态吗？如果你这样想，那就错了。对此我已研究20年之久，在1 000多个研究中的50万名成人与儿童被试中，可以得到结论，在以下三方面，悲观者的表现更差：

1. 他们更容易感到抑郁；
2. 他们在学校、工作及球场上所获得的成绩都低于其具有的潜在能力；
3. 他们的身体健康状况不如乐观者。

对世界持有悲观的看法也许会使你看起来更世故，但是所付出的代价是很大的。如果你的孩子学会悲观，他会面临学业成绩差的风险，罹患抑郁症与焦虑症的风险，他的身体状况也可能较差。更糟的是，孩子的悲观可能成为他终身衡量挫折及失败的标准。**好消息是：他可以在你的协助之下习得乐观。**

解释风格：乐观养成的基础

乐观是看到半杯水时认为它是半满，或总是看到事物好的一面，或是习惯性地期待现实中的问题能像好莱坞电影一样有圆满的结局。

乐观的“积极思维”告诉我们，乐观可以是那些百说不厌的励志言词，例如，“每一天，每一件事，我都越做越好”，或是想象自己打球入洞的情形。这些可以是乐观的证明，却远不是乐观的全部。

从过去20年的研究中，调查者已经了解到乐观的基本原则。乐观的基础不在于励志词句或是胜利的想象，而在于我们对原因的看法。我们都有对原因的习惯性看法，我称此为个人特有的**“解释风格”**（explaining style）。解释风格从儿时开始发展，如果未经干预，就会保持一辈子。当孩子解释为何某一件好事或坏事会发生在自己身上时，有三个重要维度需要考虑：**永久性**（permanence）、**普遍性**（pervasiveness）与**个人化**（personalization）。

永久性：偶尔 vs. 总是

当坏事发生时

最容易患抑郁症的孩子认为：坏事件发生在他身上的原因是会永久存在的。既然永久存在，坏事就会不停地发生。相反，从挫折中爬起和抗拒抑郁的孩子则相信导致坏事发生的原因只是暂时的。

永久性（悲观的）	暂时性（乐观的）
“永远没有人会和我做朋友。”	“当你转学时，需要时间来交新朋友。”

永久性（悲观的）	暂时性（乐观的）
“我的妈妈是世界上脾气最坏的妈妈。”	“我的妈妈从来没有这样坏脾气过。”
“托尼讨厌我，他再也不会和我一起玩。”	“今天托尼生我的气，并且不肯和我玩。”

永久性原因与暂时性原因的不同，看起来也许并不明显，但是它对孩子的身心健康太重要了。在第一个例子中（没有人会……），悲观的孩子认为造成没有朋友的原因会永久持续，但是乐观的孩子则认为只要他继续花时间（……需要时间……），最终是会交到好朋友的；在第二个例子中（……最坏的妈妈……），悲观的孩子认为原因是长期的性格所致，而乐观的孩子则怪心情不好（……坏心情），而心情是可以转变的。**悲观的孩子认为坏事是来自自身个性上的缺点，乐观的孩子则认为坏事是心情及其他短暂、可改变的状态。**

如果你的孩子将他的失败、遭拒绝以及遇到的困难称为“永远”或是“从不”，那么他属于悲观型。如果他将失败等原因限制在一定范围内，将不好的事视为“有时候”“最近”，那么他就属于乐观型。在下一章中，有一份问卷可以让你知道孩子的解释风格属于哪种类型。

当好事发生时

乐观与悲观的孩子，对好事的发生也会有不同的反应。相信好事发生的原因是永久的孩子会更乐观（正好与对坏事的解释风格相反）。

乐观的孩子以永久性原因的方式来解释好事，他们将原因归为自身具有的特性与能力，比如努力工作或讨人喜欢，他们会用“总是”来形容好事的原因。悲观者则将好事归因于过渡性原因，“我那时心情好”或“我这次努力练习”，他们对好事的解释限于“有时候”和“今天”，并且时常用过去时和限制次数，“我这次努力练习……”。相信成功是由永久性因素引起的孩子，下一次会更努力地去尝试；相信好事发生的原因只是暂时的孩子，即使成功了也可能放弃，因为他认为成功只是一次意外。

暂时性（悲观的）	永久性（乐观的）
“赢得拼字冠军的唯一原因是我这次很认真练习。”	“我赢了是因为我是个努力的小孩，并且做好了充分的准备。”
“我被选为纠察队队长是因为其他小孩想要讨好我。”	“我被选上纠察队队长是因为其他小孩喜欢我。”
“爸爸花时间陪我是因为他最近心情好。”	“爸爸最喜欢与我在一起。”

普遍性：特殊 vs. 一般

如果你相信原因是永久性的，你会预测它对时间的影响。如果你相信原因是普遍性的，你会预测它对你一生中的其他事情带来的影响。下面这个例子，可以更好地解释二者的不同。

落选白宫

杰里米与玛莉莎同为七年级学生，他们的学校与其他州的 9 个学校被白宫选中，可以选送一男一女两个学生到华盛顿与副总统对话，讨论儿童协助保护自然资源的举措。每个七年级学生都希望自己被选中。

校长决定通过举办论文竞赛的方式选取学生代表。杰里米与玛莉莎都花了好几个星期的时间做准备。杰里米画了一张海报，上面有很多事情是其他同龄人也可以帮忙做到的，玛莉莎则对其他年级的学生做了一项调查，记录他们对拯救地球做过的事。为了能走进白宫，他们到图书馆去阅读有关自然资源的资料并为此花去了数星期的精力。

七年级的老师选出四篇论文，然后再由校长选出两名代表。当杰里米与玛莉莎得知他们的论文入选时，他们都十分兴奋。

那天放学前，校长在广播中宣布最终选中的两篇论文。杰里米与玛莉莎都没有被选中，两个人都十分失望，但是杰里米与玛莉莎有很不同的反应。

杰里米的反应：“我是个失败者！我如此努力写这篇论文，结果还是输了。我的写作能力真是很差，就好像我所做的其他事一样，从来就没有一件事顺利，我还不如放弃算了，反正不管我怎样努力，到头来总是做不好，还是就做我自己吧！我知道每个人都认为我很笨，我还异想天开地认为自己有机会去白宫，我的朋友一定都在背后笑我。”

放学回家后，杰里米躲进自己的卧室，拒绝与他的父母交谈。晚饭时，在妈妈的一再坚持下，他才上桌吃饭。他挑剔食物，满脸不高兴的样子，晚饭后，爸爸要带他去打球，朋友来找他去骑脚踏车，他都不愿意去。

杰里米退缩的表现持续了好几天。他对学校、家庭和朋友都不感兴趣。没有任何事能给他带来欢乐，他抑郁的心情也无法纾解。

在杰里米的反应中，我们明显可以看到他对失败的普遍性看法。相反，玛莉莎则将她的失败归结为特定的原因。

玛莉莎的反应："我搞砸了！我想我到底不是个好的写作者，我尽我所能去做了，但是贝利老师还是认为贝西与乔旭的作品比我的好。"

玛莉莎放学回家后就哭了，她告诉妈妈她是多么失望，并且说她再也不要如此努力了。妈妈花了一个小时的时间来安慰玛莉莎，到了吃饭的时候，玛莉莎已经可以和爸爸议论这件事而不再哭了。玛莉莎比平日吃得少，但是当爸妈提议出去吃冰激凌时，她显得很有兴致。虽然整个晚上，她还是很不高兴，但是玛莉莎打电话给她的朋友，两个人谈到论文比赛以及周末一起逛街的事。

每当玛莉莎想到论文比赛的事时，她就觉得不快乐，但是她对生活里的其他事并没有退缩。她仍然喜欢吃冰激凌以及与她的朋友聊天、逛街，并计划周末要做的事。

杰里米与玛莉莎对失败的看法截然不同。但他们的即时反应是一样的：两个人都觉得被打败，都相信失败意味着他们不是好作家，即对永久性的解释是相同的。但是对普遍性的看法却是相反的：杰里米是个受难者，他相信他未被选上的原因（除了写得不好外）是因为他是个完全失败的人（我的写作能力很差，就像其他所有事一样）；而玛莉莎则找到局部的原因，就像她的自我解释那样，她相信未被选上是因为她写得不好，因为她的论文比乔旭与贝西的差。

有些儿童可以把困难锁入盒子内，即使某一重要部分出了问题，仍然可以继续他的生活；有些孩子则会将困难灾难化，当他生活中的一条线断掉后，整块布就散了。由此得出的结论就是：对失败解释持有普遍性看法的孩子，当他们仅在一方面失败时，就会完全放弃；相信特定解释的孩子，也许在某一方面有了无助感，但是仍会坚定地走完全程。

当坏事发生时

普遍的（悲观的）	特定的（乐观的）
“所有老师都不公平。”	“卡迈老师不公平。”
“我运动时笨手笨脚。”	“我球踢得很差。”
“没有人喜欢我。”	“杰默不喜欢我。”

当好事发生时

面对好事时，乐观者相信成功的原因会强化他所做的每一件事，但是悲观者相信好事的发生是由某一特定因素导致的。

特定的（悲观的）	普遍的（乐观的）
“我对数学很在行。”	“我很聪明。”
“艾莉卡请我参加她的庆生会是因为她喜欢我。”	“艾莉卡请我参加她的庆生会是因为我受欢迎。”
“我能演奥利弗这个角色是因为我唱得好。”	“我能演奥利弗这个角色是因为我多才多艺。”

聪明要比仅在数学上聪明包含更多的信息；讨人喜欢的特性暗示有许多人喜欢你，不仅是艾莉卡一个人；有才能比只会唱歌更广泛。一般来说，认为好事的发生有普遍性原因的儿童，在生活的各方面都表现得比较好。

个人化：内部归因 vs. 外部归因

除了永久性与普遍性以外，解释风格还有第三个维度，那就是个人化，即决定是谁的错。当坏事发生时，孩子可能会怪罪自己（内部归因），也可能怪罪其他人或是环境（外部归因）。自尊是受你责怪的那个人管辖的。失败时经常习惯性地责怪自己的孩子自尊心强，他们觉得愧疚及羞耻。当坏事发生时，怪罪其他人或环境的孩子，对自身评价较高。总的来说，怪罪其他人的孩子会更少地觉得愧疚和羞耻，并且更喜欢自己。当然，他们也是更容易愤怒的孩子。

这是不是意味着我们应该教导孩子将不好的事情皆做外部归因呢？如果我唯一关切的只是自尊，那么我会提倡这种做法，可是并不是如此。教孩子在事情不顺利时埋怨他人就如同教他撒谎一样，后果是可怕的。以下两个行动目标，对孩子会有帮助。

第一个目标是：当孩子做错事，不要轻易就算了。我最不愿意做的就是培养不会说“抱歉，我做错了，下次我会做得更好”的孩子。当孩子成为导致问题的原因时，他们必须对事情负责，然后进行改正。

第二个目标是：不要总是埋怨自己。我不愿意看到孩子在事情不顺利时，不管是否是他们的错，总是埋怨自己。抑郁的儿童和成人，不论事情是不是他们的错，永远都怪罪自己并且觉得愧疚。长期怪罪自己也会增加孩子患抑郁症的几率。我的目标是教导孩子如何正确地看待自己，当错在他们时，他们必须负起责任并且尽力修正其行为；当问题与他们无关时，他们仍然会觉得自己有价值。

改进孩子的解释风格

改进孩子的解释风格，第一个目标就是要确定他负起了实际的责任；第二个目标是让孩子责怪行为本身而非普遍性自责。读下面的例子时，请注意两个孩子自责的不同方式。

自责的孩子

路克是五年级学生，最近，他的父母时常为如何照顾家及管教孩子发生争吵。路克的妈妈上班，她期望丈夫能够帮忙做家事。星期六的早上，一家人总是在一起吃早餐。当父母计划周末如何度过时，路克提醒妈妈小棒球队的练习，要妈妈开车载他去，妈妈请爸爸载路克去，但是爸爸说他要准备星期一开会的资料，所以不能带路克去练球。两个人就为谁带路克去练球大吵起来。路克偷偷从家里溜了出来，自己走去了球场。

路克对自己说：“我又做错了，我老是使他们吵架。什么时候我才能学会闭嘴呢？妈妈和爸爸最近常吵架，每一次都是因为我，我把每一件事都搞砸了。如果他们离婚，完全就是我的错。我是世界上最坏的小孩，总是把事情搞砸。”

罗尼自责的方式与路克不同。

罗尼 12 岁的生日就要到了，他与妈妈、继父及两个弟弟住在一起。晚餐过后，罗尼与妈妈计划他的生日舞会。继父史蒂夫建议举行“施瓦辛格式生日”（Schwarzenegger Birthday），他说罗尼可以请他的朋友来，先看影片《42 号传奇》或是《终极战士》，然后到后院去玩打仗游戏。罗尼觉得是个好主意，他和继父立刻开始计划细节。他们可以用伪装图案制作请帖，孩子来时可以穿上军服，看完电影后，把小孩分成小队，给予塑胶枪和其他用品来作战。

罗尼的妈妈很吃惊地听着他们的计划。她打断谈话，告诉史蒂夫她认为“战争生日”是件令人十分厌恶的事，她是不会允许的。妈妈与继父为了生日展开一场争吵。

罗尼对自己说：“我真是太笨了。我明知妈妈最讨厌战争之类的东西，也最恨那类电影，她甚至很少让我看这种电影的。他们俩时常为这种事吵架。我应该告诉史蒂夫我不想要这种生日，他们就不会吵架了，这都是我的错。”

路克与罗尼两个人都将父母争吵看作是自己的过错，都做了内部归因的解释（“这都是我的错”），但是他们的解释风格却是两种不同的维度。路克的解释不仅是内在的，也是永久性的（“总是把事情搞砸”）以及普遍性的（“我是世界上最坏的孩子”）。永久性及普遍性的自责被称为**“普遍性自责”**（general self-blame）。通常，“普遍性自责”者认为问题是自己个性中无法改变的缺点。因其永久性及普遍性，“普遍性自责”不仅损伤自尊（内在化），而且造成长期（永久）及普遍的消极与无望。

相反，罗尼认为争吵的原因是内部的、暂时的及特定的（“我应该告诉史蒂夫我不想要那种生日”）。暂时且特定的自责被称为**“行为性自责”**（behavioral self-blame）。孩子责怪某一特定行为而非指控自身个性，由于行为性自责指出可改变的原因，激励孩子更努力地改变行为，所以可以防止问题的发生或是能够帮助克服挫折。虽然孩子的自尊受损，就像普遍性自责的孩子，责怪自己的个性时也是一样自尊受损，行为性自责的孩子不会对改变应该改变的事情感到无助。

批评孩子的正确方法

当然，孩子的解释风格有一部分是从父母、老师那里学来的。他们听成年人如何批评他们，同时也吸取了批评的方式。如果今天你批评孩子懒惰，而不是批评他不够努力，那么孩子不仅会相信他是懒惰的，同时也相信他的失败是来自永久的及不可改变的因素。当孩子仔细聆听父母如何解释他们自身的不幸遭遇时，他们会以此作为模式。如果你是个悲观者，你的孩子会直接从你身上习得悲观。

因此，当你批评孩子或当孩子的面批评自己时，必须十分谨慎，因为你在塑造孩子自责的解释风格。你要遵循两项规则：**第一项规则就是准确；第二项规则是在实际情况允许的情况下，你应该以乐观的解释风格来批评孩子。**当父母不自觉地用永久性及普遍性的信息批评时，孩子就开始获取了自己的悲观模式。当父母责怪可变化的与特定的问题起因时，孩子就开始习得乐观。**任何时候当你发现孩子有错时，如果事实允许，那么着重于特定及暂时性的个人原因，避免责怪孩子的个性或能力。**

如何批评一个胡闹的孩子

依莲娜是个 10 岁大的孩子，与父母及 3 岁的弟弟丹尼住在一起。一天下午，妈妈带着他们去儿童动物园，从上车开始，依莲娜就不停地与弟弟捣蛋。她告诉丹尼，爸爸是她一个人的，丹尼真正的爸爸是只猩猩；她告诉他动物园的狮子会咬掉他的头；她告诉他动物园的旁边就是监狱，如果他做错任何事，就会一辈子把他关在监狱里。依莲娜很少这样捣蛋，妈妈心里很不高兴。

“依莲娜，不准再捉弄弟弟了。你今天是怎么了？你一向都是个好姐姐，你教丹尼玩游戏，你与他分享玩具，你使他觉得安定，可是今天你对他一点都不友好。动物园对年龄小的孩子可能是个可怕的地方，你这样吓他对他一点也没好处，你知道我是不喜欢这种行为的。依莲娜，我要你向弟弟道歉，如果你今天再捉弄他，晚饭后就不准到外面去玩，知道了没有？”

很显然，依莲娜需要被惩罚，因为她使弟弟难过。妈妈要女儿对自己的行为负责，所以依莲娜可以改变她所做错的地方。妈妈指出特定与暂时的行为问题（“今天 ……捉弄”），同时指出这种行为不是依莲娜一向就有的（“很好的姐姐”），妈妈用实际的例子（“你教丹尼玩游戏”“你与他分享玩具”）来指出问题并非普遍性，使依莲娜仍以己为傲。妈妈告诉依莲娜她必须做的特定的事（“向弟弟道歉”），以及如果再继续捉弄会有何等后果（“晚饭后，不准到外面去玩”）。对这些后果，妈妈也不是随便说说的。

这类批评才是最理想的。依莲娜从这里了解到的信息是：妈妈觉得我通常是个好姐姐，可是她觉得今天我对丹尼很不好，我可以向弟弟道歉，那么妈妈和丹尼都会比较高兴。妈妈的批评显然是内部的，但却是特定的但可改变的。**她指引依莲娜迈向正确行为，而没有指责她的个性。**

假设妈妈是以下面的方式批评依莲娜：

“依莲娜，我真是烦死了。你为什么总是这样顽皮？我本来打算三个人出来好好玩玩，你却来捣蛋破坏。我不知道我为什么要带你们出来玩，反正每一次，你都要搞一些把戏，弄得大家都不高兴。”

这样的批评是有害的，妈妈将依莲娜的个性一笔抹黑。依莲娜被称为顽皮小孩（个性上的）及被指责总是破坏妈妈的计划（永久性及不能改变的）。孩子接受这种批评后所得到的信息是：“我是个很坏的人，妈妈希望我不是她的孩子，我总是搞坏她所做的事。她是对的，我应该离家出走，他们没有我会比较好。”依莲娜觉得自己没有价值，唯一能够做的就是很情绪化地退出。

孩子最初的乐观或悲观风格在儿童时期逐渐形成，不仅从现实世界中得到，也从聆听父母如何批评他和批评自己中得到。如果他的解释风格逐渐变成悲观式，他就容易抑郁及很难取得成功。一如我们的抑郁预防计划所示，抑郁并非不可避免，父母及教师可以尽极大的努力来预防它。父母第一步要做的就是评估你的孩子是否抑郁，看看他在“乐观—悲观”曲线图上所处的位置。

第6章

你的孩子是个乐观者吗

孩子抑郁时的思维方式与不抑郁时的思维方式并不同。抑郁时，他对自己、世界及未来都会产生黑暗的影像。他将无望的未来归罪于缺乏能力，他相信被自己碰到的东西都会变邪恶，这种心理状态就会提供无止尽的原因来解释为何每一次成功其实都是失败。

A Proven Program to Safeguard
Children Against
Depression and Build Lifelong
Resilience

评估孩子是否乐观

你也许认为要区分孩子是乐观还是悲观是很容易的，实则不然。的确，某些性格是可以明确区分的，不需要特别的评估方法。例如，你与人谈话10分钟后就可以正确地猜出他是内向还是外向，是焦虑型还是镇定型。这种特性被称为“外显的”，而其他性格则不一定外显，甚至是你相当熟悉的人，你也会猜得十分离谱。乐观就是这些特性之一，因为每个人都同时具有乐观与悲观的想法，所以很难用直觉来猜测。乐观的特性不是取决于几个显著的例子，而是取决于每日生活中乐观的解释风格以及乐意照着去做的次数。

假设以100作为乐观评估的最高分，从1~100之间，试着评估孩子的乐观分数，请将你心目中的数字写在这里：________。

要正确地评估乐观，需要一套如下面所附的标准问卷。在孩子回答完后，可以看出你的猜测是否正确。儿童归因风格问卷（The Children's Attributional Style Questionnaire, CASQ）是15年前我的两个学生，纳狄·卡斯罗博士（Dr. Nadine Kaslow）与理查·泰能伯博士（Dr. Richard Tanenbaum）设计的。已有数千名儿童使用过此问卷，所以它能够对孩子的处境给予有效的判定。

在孩子进行这个测验之前，请抽出 20 分钟的时间，坐在桌边跟他说下面的这些话：

每个小孩都有他自己的想法，我读过一本书，上面曾谈到这个问题，我在想，不知道你遇到这些事情时，你会怎么想。你来看，这些问题真的很有趣，它问到当某个情况发生时你会怎么想。每一个问题都像个小故事，而每个故事你都有两种方式可以回应，你可以选两者之一，当然你要觉得它最有可能发生在你的身上。

这里有一支笔，我要你试着回答看看。想象这个故事发生在你身上，即使没有发生过也没关系，然后，选 A 或选 B，选你认为最能表达你感受的那一项。当然，最棒的是这个测验的答案没有对错之分。你要不要试试看？现在让我们来看一下第一题。

一旦让孩子开始测试后，他可能可以自己完成问卷，而不需要你帮忙，但是对于年幼的孩子你可能需要把每个题目读给他听才行。问卷测验的对象是 8~13 岁的儿童，大约需要 20 分钟来回答。假如你的孩子六七岁，你仍然可以使用这份问卷，但须将每道问题读两遍给他听。他的答案就是其乐观水准的基线。孩子年纪越小，越难了解自身的想法，并且每一道问题都要求孩子说出在假定情况下的想法。8 岁以下的孩子可能已形成某种解释风格，但是很难评估。

儿童归因风格问卷

共 48 道题，题目如下：

（1）你考试得了个 A。 **分数**

PVG

A. 我很聪明。 1

B. 我很擅长这门功课。 0

（2）你跟朋友玩一个游戏，你赢了。

PSG

A. 跟我玩的人不太会玩这个游戏。 0

B. 我很会玩游戏。 1

（3）你在朋友家过夜，你们玩得很愉快。

PVG

A. 我的朋友那天晚上心情很好。 0

B. 我朋友家的每一个人那天晚上都很友善。 1

（4）你跟一群人去度假，你玩得很开心。

PSG

A. 我那时心情很好，轻松愉快。 1

B. 大家的心情都很轻松愉快。 0

（5）你的朋友都感冒了，只有你没有。

PMG

A. 我最近很健康。 0

B. 我是个很健康的人。 1

（6）你的宠物被车子轧死了。

PSB

A. 我没有好好照顾我的宠物。 1

B. 开车的人太不小心了。 0

（7）有的小朋友说他们不喜欢你。

PSB

A. 有的时候他们对我很不好。 0

B. 有的时候我对他们很不好。 1

（8）你的学习成绩很好。

PSG

A. 学校的功课很简单。 0

B. 我很努力。 1

（9）你碰到一位朋友，他说你看起来很好。

PMG

A. 我的朋友那天可能很想称赞别人的外表。 0

B. 我的朋友通常会称赞别人的外表。 1

(10)一个好朋友告诉你说他恨你。

PSB

A. 我的朋友那天心情不好。 0

B. 我那天对我的朋友不好。 1

(11)你说了一个笑话，但是没有人笑。

PSB

A. 我不太会说笑话。 1

B. 这个笑话大家都知道了，所以不好笑。 0

(12)你听不懂老师今天讲的课。

PVB

A. 我那天什么课都没注意听。 1

B. 我没有注意听老师讲的话。 0

(13)你考试不及格。

PMB

A. 老师出的题目很难。 1

B. 过去几个星期老师出的题目都很难。 0

(14)你体重增加了很多，看起来很胖。

PSB

A. 我所吃的食物都是会发胖的。 0

B. 我喜欢吃会发胖的食物。 1

(15)有个人偷了你的钱。

PVB

A. 那个人不诚实。 0

B. 现在的人都不诚实。 1

(16)你的父母夸奖你做的东西。

PSG

A. 我很会做东西。 1

B. 我父母喜欢我做的东西。 0

（17）玩一个游戏，你赢了钱。

PVG

A. 我是一个幸运的人。 1

B. 我玩的时候运气都很好。 0

（18）你在河里游泳的时候差一点被淹死。

PMB

A. 我不是一个很小心的人。 1

B. 有的时候我不太小心。 0

（19）你受邀请参加很多的宴会。

PSG

A. 最近很多人都对我很友善。 0

B. 我最近对很多人都很友善。 1

（20）有个大人骂你。

PVB

A. 那个人碰到第一个人就开口骂。 0

B. 那个人那天骂了好多人。 1

（21）你跟一组小朋友合作进行一个计划，但是结果很不理想。

PVB

A. 我跟那一组的人合作不好。 0

B. 我跟一组人合作从来没有做好过。 1

（22）你交了一个新朋友。

PSG

A. 我的为人很好。 1

B. 我遇见的那个人很好。 0

（23）你跟你的家人相处得很好。

PMG

A. 我跟我的家人在一起时，我很容易相处。 1

B. 有的时候我很容易跟我的家人相处。 0

（24）你去卖糖果，但是没有人买。

PMB

A. 最近很多小孩都在卖东西，所以很多人都不愿

去小孩那买东西。 0
B. 大人不喜欢去小孩那买东西。 1

(25)玩一个游戏，你赢了。

PVG

A. 有的时候我玩游戏很尽心。 0
B. 有的时候我做事很尽心。 1

(26)你在学校成绩不好。

PSB

A. 我很笨。 1
B. 老师很不公平。 0

(27)你走路撞到门，鼻子流血了。

PVB

A. 我走路没有注意看路。 0
B. 我最近很不小心。 1

(28)你漏接一个球，你的球队因此输了比赛。

PMB

A. 我那天打球没有尽力。 0
B. 我平常打球都没有尽力。 1

(29)你上体育课时扭到脚。

PSB

A. 过去几个星期的体育课都有危险。 0
B. 过去几个星期，我上体育课都很不小心。 1

(30)你爸妈带你去海边玩，你玩得很痛快。

PVG

A. 那一天在海边发生的每件事情都很好。 1
B. 那天海边的天气很好。 0

(31)你坐的火车误点了，使你没有赶上电影。

PMB

A. 这几天火车都不太准时。 0
B. 火车几乎从来没有准时过。 1

（32）你妈妈烧了你最爱吃的晚饭。

PVG

A．我妈妈会为了使我高兴而做一些事。 0

B．我妈妈喜欢使我高兴。 1

（33）你的球队输了比赛。

PMB

A．队友们不合作。 1

B．那天我的队友合作不佳。 0

（34）你很快就做完了功课。

PVG

A．最近我做什么都很快。 1

B．最近我做功课很快。 0

（35）你的老师问你一个问题，你答错了。

PMB

A．我每次回答问题都会很紧张。 1

B．那天我回答问题时很紧张。 0

（36）你上错公共汽车，你迷路了。

PMB

A．那一天我对什么事都不太注意。 0

B．我平常都不注意周遭发生了什么事。 1

（37）你去游乐场玩得很高兴。

PVG

A．我通常在游乐场都玩得很好。 0

B．我通常都会玩得很好。 1

（38）一个大孩子打你的耳光。

PSB

A．我捉弄他的弟弟。 1

B．他的弟弟告状说我捉弄他。 0

（39）你在过生日时得到了所有你想要的礼物。

PMG

A．大人每次都猜到我想要什么生日礼物。 1

B. 这次生日，大人猜对了我所想要的礼物。 0

（40）你去乡下度假，玩得很愉快。

PMG

A. 乡下的景色非常漂亮。 1

B. 我们去的这个季节是很美的季节。 0

（41）你的邻居请你去他家吃饭。

PMG

A. 有时候大人的心情很好。 0

B. 他们人很好。 1

（42）你的代课老师很喜欢你。

PMG

A. 我在那天上课很乖。 0

B. 我上课几乎都很乖。 1

（43）你令你的朋友很高兴。

PMG

A. 跟我在一起时通常都很有趣。 1

B. 有的时候跟我在一起很有趣。 0

（44）你得到一个免费的冰激凌。

PSG

A. 我那天对卖冰激凌的人很友善。 1

B. 卖冰激凌的人那天心情很好。 0

（45）在你朋友的宴会上，魔术师叫你做他的助手。

PSG

A. 他选中了我纯粹是我的运气。 0

B. 我对他的表演表现出非常感兴趣的样子。 1

（46）你想说服一个朋友跟你一起去看电影，但是他不肯。

PVB

A. 那天他什么事都不想做。 1

B. 那天他不想去看电影。 0

（47）你父母离婚了。

PVB

A. 结了婚的人很难相处得很好。 1

B. 我父母结婚后相处得很不好。 0

（48）你想加入一个俱乐部，可是你进不去。

PVB

A. 我跟别人处不来。 1

B. 我跟俱乐部的人处不来。 0

计分

PMB：______ PMG：______

PVB：______ PVG：______

HoB：______

PSB：______ PSG：______

Total B：______ Total G：______

G — B：______

PMB：永久的——坏事 PMG：永久的——好事

PVB：普遍的——坏事 PVG：普遍的——好事

HoB：悲观——坏事

PSB：个人化——坏事 PSG：个人化——好事

B：坏事 G：好事

从PMB开始计分。请把右边所选答案对应的分数加起来。PMB的题目是第13、18、24、28、31、33、35和36题。将总分写在计分表的PMB一栏。

然后加PMG的分数，PMG的题目是第5、9、23、39、40、41、42和43题。将总分写在计分表的PMG一栏。

然后再做PVB和PVG的统计，将它们写在计分表上。PVB的题目为第12、15、20、21、27、46、47和48题。PVG的题目为第1、3、17、25、30、32、34和37题。

将PMB和PVB的总分加起来写在HoB一栏。

现在计算PSB和PSG的分数，PSB的题目为第6、7、10、11、14、26、29和38题。PSG的题目是第2、4、8、16、19、

22、44和45题。

将坏事分数加起来（PMB+PVB+PSB），再将好事分数加起来（PMG+PVG+PSG），写在计分表上。

最后用G总分减去B总分，将结果写在计分表的最后一栏（G－B）。

分数的意义

下面是孩子得分的意义以及他与其他做过这个测验的小孩得分的比较结果。

女孩在青春期以前明显比男孩乐观。8~12岁女孩的平均分数（G－B）大约是6.5；8~12岁男孩的平均分数大约是5.05。假如女孩平均分数低于5.0，她就有一点悲观；假如她的分数低于4.0，那她就非常悲观，有患抑郁症的风险；假如男孩分数低于3.0，他属于有些悲观；假如他的分数低于1.5，那他属于非常悲观，有患抑郁症的风险。表6–1显示8~12岁孩子的标准。利用此表，将你在本章开始时所作的猜测与测验后实际呈现的乐观程度进行比较。

表6–1　　G－B分数

百分比	女孩	男孩
90th（最乐观）	11.31	10.30
80th	9.67	8.16
70th	8.35	7.14
60th	7.22	6.07
50th（平均）	6.50	5.05
40th	5.86	4.04
30th	5.00	2.86
20th	3.80	1.46
10th（最悲观）	2.27	0.43

至于 B 的总分，女孩平均为 7.1，男孩平均为 8.6，女孩比男孩更为乐观（B 的分数越高，表示越悲观），B 的总分比平均分高出 1.5 以上则表示十分乐观。**B 的总分表示你的孩子平常是如何对不好的事件做出反应的。** HoB（悲观—坏事分数）指出孩子不会从挫折中爬起，将挫折从一个领域泛化到另一个领域，并且在事情不顺利时过分责怪自己。

坏事方面（PMB、PVB 及 PSB），每一项的平均分大约是女孩为 2.4，男孩为 2.9（坏事的分数越高，孩子就越悲观）。3.5 分或更高即显示有抑郁的风险。悲观的 PMB 分数代表孩子会变得消极并且失败后不能重新振作；有乐观 PMB 分数的孩子将挫折视为挑战，失败后卷起袖子，准备重新再来。有悲观 PVB 分数的孩子，从一件不好的事件中泛化结论而使事情灾难化，当他们同家庭或同辈间的关系不顺时，学校表现就开始出现问题；乐观 PVB 分数的孩子可将问题局部化，即使他的成绩下降，他仍然可与朋友相处得很好。悲观 PSB 的孩子是个自责者，当事情不顺利时，虽然不是他的错，他仍感到内疚、羞耻及失去自尊，而失败之后，他觉得自己毫无价值；乐观 PSB 分数的孩子责怪他人，在失败时，他的自尊没有下降，并且时常认为是他人使自己失败，他会感到气愤。男孩与女孩的 G（好事）总分的平均数都是 13.8（G 总分越高，孩子越乐观），比平均数低 2.0 以上的分数，代表十分悲观。**好事乐观分数 G 显示孩子会受胜利所激励，并且争取成功的功劳。**

好事方面（PMG、PVG 及 PSG），女孩与男孩的平均分数都是 4.6。分数低于 4.0，就是极度悲观。乐观的 PMB 分数表明孩子会在一两次成功之后，继续成功；悲观的 PMG 分数表明孩子不能从成功中得利，即一次成功并不会带来更多成功。乐观的 PMG 分数表明可同时具有不同范围内的成功，即孩子与朋友交往顺利时，他的功课也会更好；相反，悲观的 PVG 表明孩子无法因某一范围内的成功，而使其他范围得利。乐观的 PSG

分数表明孩子常将成功归因于自己的内部品质，并且感受有自尊；但是悲观孩子的 PSG 分数，甚至在做得很好时，也时常有自尊的问题，而将成功视为外部因素所致，如运气或环境等。

表 6–2 和表 6–3 总结了孩子得分的意义。

表 6–2　女孩

分数	价值	解释
PMB（永久的—坏事）	乐观：< 1.5	能很快从失败中恢复斗志，继续努力
	普通：1.5~4.0	短时间会丧失斗志
	悲观：> 4.0	被挫折击垮，无法继续奋斗，脆弱
PVB（普遍的—坏事）	乐观：< 1.5	不会将挫折普遍化
	普通：1.5~4.0	
	悲观：> 4.0	变成普遍的无助，将事件灾难化
PSB（个人化—坏事）	乐观：< 1.5	怪别人，有较强的自尊
	普通：1.5~4.0	
	悲观：> 4.0	怪自己，觉得内疚，降低自尊
PMG（永久的—好事）	乐观：> 6.0	受成功激励
	普通：3.0~6.0	可受益于成功
	悲观：< 3.0	成功反倒引起倦怠
PVG（普遍的—好事）	乐观：> 6.0	将成功广泛地普遍化
	普通：3.0~6.0	
	悲观：< 3.0	成功消失无形
PSG（个人化—好事）	乐观：> 6.0	因成功而自豪
	普通：3.0~6.0	愿意接受赞扬
	悲观：< 3.0	不愿接受赞扬

续前表

分数	价值	解释
HoB（悲观的—坏事）	乐观：< 3.0	不屈不挠，充满活力
	普通：3.0~8.0	
	悲观：> 8.0	脆弱，将事件灾难化
B 总数（坏事）	乐观：< 6.25	几乎不会被抑郁伤害
	普通：6.25~8.10	有些抑郁
	悲观：> 8.10	有罹患抑郁症的风险
G 总数（好事）	乐观：> 15.27	积极，容易成功
	普通：12.84~15.27	
	悲观：< 12.84	消极，容易失败

表 6–3　　男孩

分数	价值	解释
PMB（永久的—坏事）	乐观：< 1.5	失败后能很快恢复斗志，继续努力
	普通：1.5~4.0	短时间内会丧失斗志
	悲观：> 4.0	被挫折击垮，无法继续奋斗，脆弱
PVB（普遍的—坏事）	乐观：< 1.5	不会将挫折普遍化
	普通：1.5~4.0	
	悲观：> 4.0	变成普遍的无助，将事件灾难化
PSB（个人化—坏事）	乐观：< 1.5	怪别人，有较强的自尊
	普通：1.5~4.0	
	悲观：> 4.0	怪自己，觉得内疚，降低自尊

续前表

分数	价值	解释
PMG（永久的—好事）	乐观：> 6.0	受成功激励
	普通：3.0~6.0	可受益于成功
	悲观：< 3.0	成功反倒引起倦怠
PVG（普遍的—好事）	乐观：> 6.0	将成功广泛地普遍化
	普通：3.0~6.0	
	悲观：< 3.0	成功消失于无形
PSG（个人化—好事）	乐观：> 6.0	因成功而自豪
	普通：3.0~6.0	愿意接受赞扬
	悲观：< 3.0	不愿意接受赞扬
HoB（悲观的—坏事）	乐观：< 3.0	不屈不挠，充满活力
	普通：3.0~8.0	
	悲观：> 8.0	脆弱，将事件灾难化
B 总数（坏事）	乐观：< 7.26	几乎不会被抑郁伤害
	普通：7.26~10.0	有些抑郁
	悲观：> 10.0	有罹患抑郁症的风险
G 总数（好事）	乐观：> 15.0	积极，容易成功
	普通：12.5~15.0	
	悲观：< 12.5	消极，容易失败

抑郁的孩子

孩子悲观最令人担心的后果就是抑郁，因为悲观的孩子比乐观的孩子更容易变得抑郁。这就是宾夕法尼亚－普林斯顿耗时 5 年对 500 位儿童开展的儿童抑郁追踪研究的主要结论。我们的主要目的是找出致使儿童抑郁的风险因素。研究开始时所有儿童都是小学三年级的学生。从那时起的 5 年内，每 6 个月我们就用儿童归因风格问卷来测量他们的乐观程度，找出他们生活中发生的主要事件、受欢迎程度、成绩以及学业和社交等情境中的悲观倾向。最重要的，也是我们的目标，就是每 6 个月测量每个孩子的抑郁程度。

这类长期进行且对同一批孩子反复测验的研究特别能确认出抑郁的风险因素。例如，研究者注意到抑郁的孩子同时也不太受其他孩子欢迎，所以提出了“没有人缘的孩子容易罹患抑郁症”的假设。但是这只是一个假设，因为它仅仅是根据抑郁与人缘的相关性做出的推论。当然，也有可能是抑郁造成孩子人缘不好（厄运通常结伴而来，但结伴而来的未必都是厄运），而不是人缘不好引起抑郁。甚至可能是其他因素（称为第三变量），例如成绩不好，引起抑郁与没有人缘。

一项著名的追踪研究可以解答这些复杂的问题。假设有 500 个孩子刚开始接受测验时是三年级，到四年级开始时，有 25 人变得容易抑郁。他们与其他 475 个没有抑郁的孩子有什么不同呢？也许是三年级时不受同学喜爱引起他们的抑郁，如果是这样，这 25 人在三年级时就应比其他 475 人更不受欢迎。调查结果的确如此，目前看来，不受欢迎的确会引起抑郁。

且慢，也许他们在三年级时不受欢迎是因为他们在那时已经抑郁了。当我们更仔细地去观察时，发现 25 人中有 10 人在三年级开始时就已经抑郁，并且这 10 人在三年级开始时就已经相当不受欢迎了。其余的 15 人在三年级开始时并没有抑郁，并且受同学欢迎，但是后来还是变抑郁了。这显示不受欢迎并不会使孩子得抑郁症，它仅是与抑郁有关，或以抑郁为特征而已。当得到有力的统计结论后，这种思考逻辑便可以用来判定其他因素，例如悲观、父母争吵、无助感或是成绩不好等是否会引起抑郁，还是只与抑郁相关。

所以通过解读每个孩子早期抑郁的分数，观察其在5年中的情况，我们能够将抑郁的风险因素从抑郁的特征中分离出来。在许多可能的原因中，我们发现有两点最突出：第一，生活中的坏事，比如父母争吵、失去宠物或是兄弟姐妹生病，都会增加孩子抑郁的风险，而对三四年级的孩子而言，这些尤其重要；第二，悲观，相信坏事是永久的、普遍的及个人化的，而好的事件是暂时的、不普遍的及有特定原因的，这样的孩子患抑郁症的风险最高，而这对五六年级的孩子来讲，尤其重要。从坏事对较年幼孩子的重要性，到悲观对较年长孩子的重要性，这种年龄的转变，可能反映了孩子成长过程中诠释事件方式的重要性。当我们越长越大时，抑郁也越来越多地停留在我们的脑海里，而不是在现实世界中。

所以我们做这样的假设：孩子的悲观使他具有患抑郁症的风险，并且一旦抑郁发生后，引起后来的抑郁的最大风险因素就是以前的抑郁。于是恶性循环就开始了，孩子对每一次新的挫折所作出的反应就是：再次抑郁。

评估孩子的抑郁程度

儿童抑郁症是什么样子的？如何分辨你的孩子是否抑郁？除了与心理学家或精神科医师访谈诊断外，没有任何完全确定的方法来辨别孩子是否抑郁。但是你可以要求孩子完成下面的问卷，来了解一些大概情况。这份问卷是米那·威斯曼（Myrna Weissman）及海伦·欧菲雪（Helen Orvaschell）两位博士在美国国家心理卫生研究院的流行性疾病研究中心里制作的，即流行性疾病研究中心的抑郁儿童测验（Center for Epidemiological Studies-Depression Child, CES-DC）。在给孩子做儿童归因风格问卷的同一天，最好不要再让他做这份问卷。你应该等一两天之后，再向孩子介绍这份问卷。

我最近在看一本有关儿童心理感受的书，有时候小孩子很难找到合适的话来描述他心中的感受，所以我想给你看一些表达心中感受的方法。现在你可以这样告诉你的孩子：你看下面每个句子有四个选择，我想要你仔细读一下这些句子，然后从四个答案中选出最能代表上个星期你的心情的选项。选完就继续看下一题，这些选择没有对错之分。

抑郁儿童测验

在上个星期中：

1. 有些平常我不会在意的事情现在使我很烦恼。

一点都不会______有一些______很多时候______非常多的时候______

2. 我不想吃东西，我不觉得饿。

一点都不会______有一些______很多时候______非常多的时候______

3. 我没有办法使自己快乐起来，即使家人和朋友都在帮我忙，我还是快乐不起来。

一点都不会______有一些______很多时候______非常多的时候______

4. 我觉得我比不上其他的同学。

一点都不会______有一些______很多时候______非常多的时候______

5. 我觉得我没有办法专心去做我正在做的事情。

一点都不会______有一些______很多时候______非常多的时候______

6. 我觉得心情落寞。

一点都不会______有一些______很多时候______非常多的时候______

7. 我觉得我太累了，什么事都不想做。

一点都不会______有一些______很多时候______非常多的时候______

8. 我觉得有一件不好的事快要发生了。

一点都不会______有一些______很多时候______非常多的时候______

9. 我觉得现在跟以前一样，仍然不会成功。

一点都不会______有一些______很多时候______非常多的时候______

10. 我感到很害怕。

一点都不会______有一些______很多时候______非常多的时候______

11. 我最近晚上睡得没有像以前那样安稳。

一点都不会______有一些______很多时候______非常多的时候______

12. 我很不快乐。

一点都不会______有一些______很多时候______非常多的时候______

13. 我比以前沉默。

一点都不会______有一些______很多时候______非常多的时候______

14. 我觉得寂寞，就好像我没有任何朋友似的。

一点都不会______有一些______很多时候______非常多的时候______

15. 我觉得我的朋友对我不再友善，他们不想再跟我一起玩。

一点都不会______有一些______很多时候______非常多的时候______

16. 我玩得很不痛快。

一点都不会______有一些______很多时候______非常多的时候______

17. 我觉得我很想哭。

一点都不会______有一些______很多时候______非常多的时候______

18. 我觉得很悲哀。

一点都不会______有一些______很多时候______非常多的时候______

19. 我觉得大家都不喜欢我。

一点都不会______有一些______很多时候______非常多的时候______

20. 要我自己带头去做一件事很困难。

一点都不会______有一些______很多时候______非常多的时候______

计分很简单，“一点都不会”是0分，“有一些”是1分，“很多时候”是2分，“非常多的时候”是3分。把全部的分数加起来，假如你的孩子选了两项，取分数高的那一项。

假如你孩子的分数在0～9之间，那么他是不抑郁的；假如他的分数在10～15之间，他有轻微的抑郁；假如他的分数在15分以上，他有相当程度的抑郁感；假如他的分数在16～24之间则是中度抑郁；而24分以上则是严重抑郁。

在此，我们必须要做个重要的警告，就是没有任何问卷比得上专业的诊断。这类问卷可能会出现三种错误，所以你必须十分注意。第一，许多孩子掩饰症状，尤其是对父母，所以有部分孩子的分数低于 9，但可能实际上已相当抑郁；第二，有些得高分的孩子，可能是由其他问题造成而非抑郁；第三，孩子有时得分高可能是当天的心情不好，但是在前一天并没有同样的感受，后一天也不会有。

如果孩子的得分超过 15，一星期后，再给他重做一次。如果孩子连着两个星期的分数都超过 15，你就应该考虑给他安排专业的诊断。如果孩子分数超过 9，并且谈到自杀，你也应该寻找专业帮助，认知或认知行为治疗师是最理想的。

儿童抑郁的四种症状

这份问卷可以告诉你：孩子的抑郁会有哪些表现，因为它测量了四类儿童抑郁症状组合的强度。第一种症状由孩子的思维变化组成。孩子抑郁时的思维方式与非抑郁时的思维方式并不同。抑郁时，他对自己、世界及未来都有个黑暗的影像。他将无助的未来归罪于自己缺乏能力（我没有能力做好事情，所以任何事情我都不会成功），小小的挫折就好像是不可掌控的障碍。他相信被自己碰到的东西都会变成灰，而这种心理状态就会提供无止尽的原因来解释为何每一次成功其实都是失败。

想法改变

儿童抑郁的第一种症状是：想法改变了。

盖瑞是一所中学八年级学生。他平日觉得上学很有趣，老师也认为他很有精神。但最近他和以前不一样了。课上，他很少举手发言，课后也不做功课；放学后，不再与同学一起玩，而是回家一个人在卧室听音乐，直到爸妈逼他出来吃饭为止。无论父母怎么说，他总是否认有任何事不顺。

几个月前，盖瑞拿自己的画去参加市政府美术联会举办的美术比赛。当盖瑞到学校时，他的美术老师希伯特小姐告诉他，她听说盖瑞的画已经进入决赛。决赛选中的四件作品的创作人，都将应邀到美术联会去讨论自己的作品，然后由一位本地有名的艺术家挑选出冠军。得冠军的学生可以获得大学奖学金，并且可参加一个特别为几位由州内遴选出来的小朋友举办的美术节目。

希伯特老师以为盖瑞听到这个消息后会十分兴奋。她知道盖瑞一直很努力地画画，而且赢得比赛对他来说也是一件相当有意义的事。但令她吃惊的是，盖瑞对此不感兴趣。

希伯特： 嗨，盖瑞，过来一下，我有好消息告诉你。

盖　瑞： 什么事？

希伯特： 看起来你要成为美术界的明星了。

盖　瑞： 你在说什么？

希伯特： 你参赛的画已经进入决赛了。你和其他三位学生要到美术联会去讨论你们的作品。然后由一位本地有名的艺术家选出第一名，你，我就是指你，盖瑞一定会得到奖学金，还可以参加今年秋天开始的州际美术节目。

盖　瑞： 真的？这不可能是真的。我的画看起来像是三年级学生画的。不管怎样，我不想去。

希伯特： 你在说什么呀？你这么努力地画画，我知道这对你是有意义的，有什么不对吗？

盖　瑞：没有。我知道我不会赢的，又何必多此一举，反正没有人在乎，那只是个愚蠢的比赛罢了。

希伯特：盖瑞，我可真吃惊，这一点也不像你，我不懂，你是怎么了？

盖　瑞：没有啊！我只是不想浪费我的时间。那幅画并不好，我真不知道它怎么会进入决赛。那一定只是个意外，反正我无法在一群人面前讨论自己的作品，我没什么可说，最后只会在众人面前出丑而已。

希伯特：盖瑞！盖瑞！这是怎么回事呢？你和我都知道那幅画非常好。你是真正的艺术家。你的作品也不是第一次得奖，上次你在青年会上画的壁画不是也得了奖吗？难道说那也只是运气而已？

盖　瑞：那次是因为有很多人帮忙，所以才得奖，那不是我自己的功劳。

希伯特：好了，让我来讲，我从来没有见过你这样看不起自己。讨论自己的作品会使你紧张，这个我可以理解，换成我也一样会紧张，但是我们可以一起来练习。在面对一大群陌生人讲话之前，你可以先在同学面前演讲。放学之后，我们一起来做个计划吧！

盖　瑞：你很好心，但是我真不想去。我一定会讲得很差的，还是算了吧。

希伯特：好了。我听过你在众人面前说话的，在《国王与我》中，你并没有忘记台词，更何况在戏里你还得唱歌呢！你迷倒了全场观众！

盖　瑞：那次不算，任何人都可以表演得很好。而且我记得戴维先生告诉我，有几次我唱得走调了，我们还是算了吧！好不好？

不管希伯特老师提到多少次成功，盖瑞都认为这次会失败。盖瑞不是谦虚或害羞，也不是在抱怨。他是真的相信自己没有天分，所以没有任何事会成功的。**这是抑郁的孩子的典型想法，这类想法的核心就是悲观的解释风格。**对未来、自己及世界的灰暗看法，都是将坏事产生的原因视为永久的、普遍的及个人化的，而将好事发生的原因视为暂时的、特定的及外在的。

心情变坏

儿童抑郁的第二个症状就是心情变坏。当他抑郁时，他会觉得很难过、悲伤、缺乏勇气、绝望。他可能常常哭泣，甚至是哭干了眼泪。他的生活也变得无趣，甚至觉得以前喜欢的活动也变得无聊且浪费时间。他不再大笑，也很少微笑。

抑郁儿童不只是悲伤，也常表现出被视为坏行为的焦虑及急躁易怒。乔丝琳是个 13 岁的女孩。她自 11 岁起就有过三次抑郁发作。当她的抑郁症加重时，也同时变得难以相处。在她抑郁时，她的暴躁、抱怨及敌意使别人无法来安慰她。乔丝琳抑郁时，她会表现出疯狂地想与人争吵的冲动行为，不管别人对她说什么她都不会听。在极端痛苦之下，她竭力地发泄，家人、朋友和同学都只好远离她。

对托里来说，焦虑感时常与悲哀结伴而来。平常不会使他担心的事，现在都变成了恐惧。当他抑郁时，时常担心有人会伤害他的父母。他无法摆脱这种感受。如果父母晚上出去，托里要等到他们回来关上门后，才能入睡。更糟的是，晚上他很害怕窗户。他觉得如果向窗外看，就会看到外面有一张脸，一双眼睛正盯着他看。为了避开那张脸，他就待在客厅里。在那里他看不到任何窗户。他不敢动，眼睛死死盯着电视屏幕，不敢东张西望。如果他必须走到另一间房间，那么他会先考虑路线，选择一条有最少窗户的路。然后低着头冲出去，心会怦怦直跳。

消极、无法做决定和自杀倾向

儿童抑郁的第三个症状与三种行为有关：**消极、无法做决定和自杀倾向**。抑郁的孩子时常无法展开新任务，而且一遇到小挫折就会放弃。

卡门靠送报赚零用钱，他已经干了一年多的时间了，到现在为止都很顺利。他认识每一位顾客，也知道何时是收钱的最好时机，他喜欢这份工作带来的责任。但当卡门抑郁时，问题就显露出来，甚至工作上最基本、最简单的部分，也令他觉得十分沉重。以下是卡门的解释。

这简直是发神经，我是说送报不是世界上最复杂的事，但你当然也得小心谨慎，它实在不是件难事。当我觉得高兴时，这工作一点也不成问题。我去拿报，叠好报纸，沿路线投送。我其实蛮喜欢这份工作的，况且我还赚了不少零用钱。但是当我觉得抑郁时，哇！整件事情就完全乱套了。就像上个月，我记得是个星期日，是个报纸特多的一天。我需要特别早去拿报纸，我一直看着表，并对自己说："赶快呀，卡门，你现在一定得去了，如果你现在不去，就会把每件事都搞砸了。"可是你知道吗？我就是无法让自己付诸行动。不管怎样，我只是躺在那里，心里想我有多么憎恨送报。

妈妈终于来叫我起床了，她看出我心情不好，所以说她可以开车送我去拿报，还说可以帮我叠报纸，可是我不要她帮我忙。"嗯！我要，可是又不要。"我知道这听起来很怪，但当时一部分的我想要妈妈和我一起去，另一部分的我又继续抱怨，不想被打扰。当我最后终于去拿报纸时，我的老板十分生气，因为我迟到了。我拿了报纸后，只能坐在那里盯着它，我甚至无法将报纸抱起，放入推车中。就好像我已将所有精力都用尽了似的，现在已经没有任何精力来做工作所需的下一步骤。当情况到达这种地步时，我真是恨它，也令我害怕。

抑郁的孩子无法从众多的选择中作决定。许多抑郁的孩子想过自杀。当抑郁的儿童想到自杀时，他们通常会有一些动机。一种动机是终结，就是目前这种情况已无法再忍受了，所以他们想要结束一切；另一种是操作手段，他们想要重新寻回爱，就采用像报复或是让其他人无法再辩解的手段。不像抑郁的青少年或成人，抑郁的儿童虽然时常想到自杀，但是很少真的去做。儿童自杀事件常被公开报道，实际上美国 14 岁以下儿童自杀案每年不到 200 例。这还不及青少年及成人的自杀率的 1/10，但是抑郁患者越来越年轻化，这项低自杀率也有可能会上升。虽然儿童与成人有同样多的抑郁症状，但是进化机制似乎多少可以帮助儿童抵御自杀。

身体状况变差

儿童抑郁的第四种症状体现在生理上，最常见的是孩子的胃口变差了，许多孩子根本无法进食。有时会有另一种极端状况:虽然不饿，但仍会继续吃。睡眠紊乱也十分常见，抑郁的孩子可能睡得比平时多。例如，抑郁的孩子放学回家，就回房间睡到晚饭时才起来。其他时候，抑郁的孩子很难入睡，尤其在他觉得焦虑的时候。许多儿童常夸大普通的疼痛，抑郁的孩子可能抱怨胃痛和头痛，比平日更常到学校医务室报到。

你现在已经测量了孩子的乐观程度，也学会辨别孩子抑郁的症状。即使孩子现在不抑郁，据我们了解，悲观也会使孩子有罹患抑郁的风险。抑郁的症状会使孩子处于更抑郁的风险之中。孩子的乐观是从哪里来的？答案就在下一章。我们研究所发现的乐观来源，为父母和教师如何将孩子的悲观转为乐观提供了重要的线索。

第 7 章

孩子的乐观从哪里来

悲观有四个来源：基因，父母的悲观，从父母或老师那得来的悲观性批评，掌控感和无助感的经历。你无法改变孩子的基因，但你可以改变自身的悲观，改变批评孩子的方式，并在适当的时候给予孩子具有掌控感的经历，你也可以直接教导孩子习得乐观的技巧。

A Proven Program to Safeguard Children Against Depression and Build Lifelong Resilience

每年8月，在美国俄亥俄州的特温斯堡都有一次全国性会议。5 000对双胞胎及一些三胞胎欢聚庆贺双胞胎节日。双胞胎不仅对他们自身有利，也对科学研究有帮助。研究双胞胎为科学家提供了一个特定的机会，来验证个性的形成是受基因还是经历（即先天还是后天）影响的。

可遗传的乐观

积极的父母常会有积极的子女，音乐家的子女往往都有一定的音乐天赋，酗酒的父母有可能会有染上酒瘾的子女，天才的子女往往很聪明。同样，乐观的父母常会有乐观的子女，而悲观的父母也常会有悲观的子女。通过对双胞胎的仔细观察，在此有两种假设：第一种是子女遗传父母的基因包含有积极、音乐天赋、酗酒、聪明或乐观等特质；第二种是父母为子女所创造的某种环境会不知不觉地教会他们积极、音乐天赋、酗酒、聪明或乐观等特质。

同卵双胞胎有完全相同的基因，而异卵双胞胎只有50%的共同基因，他们的基因就如任何同父同母的兄弟姐妹一样，只是刚好同时出生而已。

拿同卵双胞胎与异卵双胞胎的身高来说，同卵双胞胎之间的身高差异比异卵双胞胎间的身高差异更小，因此我们知道身高与遗传有关。

我们可以从同卵双胞胎比异卵双胞胎一致性更高的特质，找到某一特质受基因或环境（及其他因素）影响的程度。例如，同卵双胞胎的智商一致性程度要比异卵双胞胎更高，差异的大小可告诉我们智商中的25%~75% 是遗传而来的，其余 25%~50% 是由非遗传因素而来，比如养育、学校教育、幼时患病、智商测验的误测或胎儿荷尔蒙等所致。

双胞胎研究中最令人惊讶的发现就是，每一种主要的人格特质有 1/4~1/2 是从父母那遗传而来的。比如抑郁、工作满意度、宗教信仰、自由主义、权力主义、活力充沛等，甚至看电视的多少及离婚的可能性都有50% 的遗传性。你也许会想，这怎么可能呢？离婚和电视存在的时间还不足以完成进化选择呀！这点的确有道理，但是人格特征，比如冲动、贪欲、行动的需求和被动性等，都是自古具有的，它们成了是否离婚或看电视多少的基础。既然人的特性及复杂的行为很大一部分是遗传而来，那么有多少乐观是遗传而来的呢？ 1990 年 8 月，我们开车来到特温斯堡，希望能找到答案。

特温斯堡的双胞胎知道他们在科学上的特定地位，都十分乐意与研究者合作。我们在会场设立摊位，邀请 115 对同卵双胞胎与 27 对异卵双胞胎完成解释风格的成人版问卷。我们查看了同卵双胞胎的答案，发现他们的答案很相似，之后又与异卵双胞胎的答案作比较。同卵双胞胎的乐观与悲观分数比异卵双胞胎更为接近。如果同卵双胞胎中一个是严重悲观者，则另一位几乎也是很悲观的人。相反，根据异卵双胞胎之一的分数并不能预测另一位双胞胎的分数。**当我们计算乐观的遗传性时，发现它几乎是50%。**

但是这项发现并非无懈可击。也许这仅指出同卵双胞胎社会环境的相同点比异卵双胞胎更多，而有更多类似的生活经验也可制造出更类似的乐观。这种认知上的争议可以更简单的方法消弭，即研究在不同环境中长大的同卵双胞胎。当同卵双胞胎很小时就被分开，由不同的家庭抚养，他们身上那些十分相近的人格特质，只能由共同基因带来，不可能由相似境遇带来。如果分开抚养的同卵双胞胎仍比异卵双胞胎有更相近的解释风格，那么说明这是由基因所致。

你也许认为要找到足够多的、在不同环境下长大的同卵双胞胎来做调查是很困难的，但是瑞士的双生子老化研究就做到了。1987 年，有 72 对在不同环境下长大的同卵双胞胎、126 对在相同环境下长大的同卵双胞胎以及 146 对在相同环境下长大的异卵双胞胎完成了一份乐观问卷。通过比较，结果与特温斯堡研究结果类似：**大约有 25% 的乐观与悲观的分数是遗传而来。**我们所估计的 50% 的遗传性与瑞士所估计的 25% 间的差异，可能反映了在相同环境下长大的同卵双胞胎的相似性。

这些结果使多数学者相信乐观有一部分是遗传而来，但是坦白讲，我并没有被说服。整个人格基因结论中有一个常被忽略的瑕疵，但这个问题对乐观来说则是一个显而易见的缺点。对可遗传的人格特质和直接由基因主导的人格特质，我们要做出区分。假设某人生活上越成功，他就越乐观的话，有哪些特质会引起这么多的成功呢？比如英俊漂亮的外表、能说会道、有运动细胞、机械操作技巧、敏锐的观察力等均为特质之一。而每一项特质都有高度的遗传性，即同卵双胞胎比异卵双胞胎有更类似的特征。因此同卵双胞胎可能因为在生活上有类似的成功（或失败）而有类似的乐观程度，并且更多的成功往往使他们更乐观（或是更多的失败使他们更悲观）。类似的成功或失败是由类似的基因控制的特质所引起的，比如机械操作技巧、英俊的外表或聪明才智等。

普遍来说，双胞胎无论是在相同环境下长大或是在不同环境下长大，都可显示某一特质是可遗传的，但是却无法显示它是否直接来自基因。这些研究对于某一特质有可能来自特定经历而非直接来自基因控制的看法仍有所保留。基因控制了生理的因素，这可产生某些特定的经历。下面的假说纯属虚构，但可由此看出重点：

- 运动能力是可遗传的，因为身高（基因上的）可引起篮球队教练对他的重视（特定经历），而引导他在运动界成名；
- 自尊是可遗传的，因为漂亮（基因上的）从而受父母宠爱（特定经历），因而提高了自尊；
- 抑郁是可遗传的，因为手脚协调性差（基因上的）导致因笨拙而遭到他人拒绝（特定经历），从而无安全感且容易受伤；
- 肥胖是可遗传的，因为喜好甜味（基因上的）所以吃了很多甜食（特定经历），结果变得很胖。

虽然乐观的一部分（低于 75%）无疑是可遗传的，但并不表示一定有乐观基因的存在，或者说较好的幼年经历对乐观的形成并不是很重要。作为父母及教师必须时时想到：**多次成功很可能会使孩子习得乐观。你应该尽力帮助孩子，在成功之后继续成功。**正确的教导可支持并维持孩子的乐观，同时较积极的重要经历也会使其乐观更稳固。接下来让我们看看父母、教师以及关键经历，在孩子的乐观来源中扮演的角色。

父 母

当你情绪激动时，孩子的警觉性也会相应提高。孩子以你轻微或剧烈的情绪表现为信号来判断你的反应，并将其作为他今后对一些事情的看法。许多情绪学习都是这样发生的。我有位好朋友有种不常见的恐惧症（其他方面都正常），她是位电话恐惧症患者。每当别人打电话给她时，这位平常好交际的朋友就会一身冷汗，几乎不能讲话。她知道自身的问题并且觉得很不好意思，但是找不出任何起因。一方面在她的生活中并没有与电话有关的大灾难发生，另一方面，幼年时也没有不准用电话或其他相关的经历，因此她的这种情况特别令人困惑。有一年感恩节晚餐，我在她家厨房里帮忙,有人打电话来找她的父亲。我很惊讶地发现,平日口才很好的父亲，变得有点口齿不清，并且汗流不止。我于是将两件事联结在一起，儿时她曾看到父亲对电话极度焦虑的反应，并从父亲那里学到了这种不常见的恐惧症。

你生气时，你会向身边的人做出解释。车子被剐到了是因为那个不讲理的家伙硬要挤过来，老爸大声关门是因为他的心情不好，找不到工作是因为经济不景气，祖母生病了是因为她太老了。你本身的解释风格显露无遗，而孩子也正仔细聆听着。他学习到的不只是你解释中的特定内容，还有你的普遍解释风格，并且将你的风格变成他自己的。

多莉是个 9 岁的女孩，与妈妈茱蒂、继父杰可及继父的儿子艾力克斯住在一起。在多莉出生以前，茱蒂在一家大型房地产公司工作，她喜欢这份工作，尤其喜欢管理办公室的其他员工。茱蒂可以成功地解决纠纷，因为公司里常有纠纷，她也就很快地成为团队中不可缺少的成员。

当茱蒂因分娩而决定要暂时离开公司时，她与老板讲好产后三个月回来上半天班，一年后做回全职。虽然她的老板希望她能更早回来上班，但怕失去她，就答应了她的要求。

多莉出生后，茱蒂不想那么早回去上班。她惊讶地发觉自己很喜欢当妈妈，一想到多莉要交给别人带就觉得不舒服。多莉的爸爸本来就不太喜欢自己的太太上班，所以很赞成茱蒂的决定。茱蒂很害怕又不知如何告诉她的老板，公司一向对她很好，她也觉得食言毁约十分不好意思。她没有与老板约定时间当面来讨论这件事情，只是寄了封很简短的信，告知不再来上班。公司的人打电话来找她时，她也避而不接电话。一个很好的职业生涯，却不幸地有了个不好的结尾。

现在多莉长大了，茱蒂想再出去上班。她考虑了好一阵子，但是每一次做了计划后，就会感到十分焦虑，因此认为还没到去上班的时候。晚餐时，杰可向她提起这件事。（部分是茱蒂对自己为何不能找到工作所作的解释。）

杰可： 我好一阵子没有听到你提找工作的事了，最近有什么进展？

茱蒂： 嗯！我不知道！（我总是很忙！）还没有时间去找工作。我有空会去的。

杰可： 听起来不太对劲，找工作是否仍然让你觉得紧张？

多莉： 你为什么紧张呢？妈妈。

茱蒂： 噢！我想我对这件事情是有些紧张。（我几乎有10年没有正式工作了，我甚至不能想象自己再在那种环境中上班。）

杰可： 那的确需要适应。不过从你告诉我的关于以前上班的情形中，可以看得出你做得很好也很喜欢。你为何不打个电话给他们？也许他们有职位空缺。

艾力克斯： 妈妈，你以前是做什么的？

茱蒂： 噢！我在房地产公司工作，我主管办公室的事情。（不是什么了不起的事。）即使我那时做得还好，反正我现在也绝对不能打电话给他们。（我离开的时候破坏了关系，我怀疑他们是否还记得我，就算是记得我，也不会对我有好处的。）我不要再做那种工作！（烦事一件接一件，总是没完没了。）

杰可： 那么，也许该考虑你的专长和你喜欢做的事，我们可以一起想想哪些工作适合你。

茱蒂：专长呀，这可难了。

多莉：你是个很好的妈妈，这算不算是专长呢？

茱蒂：谢谢你，小甜心，我想好妈妈在职场上是没有什么作用的。

杰可：啊，慢着！那可不是真的。它的确有市场价值，要不要去托儿所看看，或者，你是个好妈妈是因为你有耐心、有创意，又有许多精力，这些都是你的长处。我们该寻找……

茱蒂：杰可，谢谢你的帮助，但我就是无法相信这些会助我成功。无论我想得到什么工作，我都得与那些年轻、更有学问的人来竞争。大部分公司可能更想雇用更有经验、更有资格的员工，他们为什么还要雇用一个已经10年没上班的中年主妇呢？

杰可：哇！茱蒂，你的确紧张，也许你就是需要个开始，要不要把这个星期的目标定为看招聘广告或写履历表之类的？我知道这样的计划曾对我很有效。

多莉：对，就像我不想整理房间时，你总是告诉我，我可以从捡起黄色衣服开始，或是捡所有的袜子，或所有以S开头的衣服。那使我做得更快，也蛮好玩的。

茱蒂：多莉，我想这比你所做的要复杂许多，这不是因为我需要别人督促，而是我没有被雇用的条件。不论用什么小把戏来激励我的动机，最终情形应该仍是一样的。

茱蒂是个正在酝酿中的悲观者，并且以明显的信号向她的子女传播她的解释风格。我们来看看她对不能找到工作的解释风格。

- 我没有被雇用的条件（永久的、普遍的、个人化的）；
- 无论我们想到什么工作，我都得与那些更年轻、更有学问的人竞争，况且我已10年没上班了（永久的、普遍的、个人化的）；

- 我总是很忙（永久的、普遍的、个人化的）；
- 烦事一件接一件，总是没完没了（永久的、普遍的）。

她的家人试图打消她的负面想法，让她表现出一种比她目前状态更好的解释形态。他们认为如果茱蒂可以反驳自己的灾难性想法，那么她就可以给自己寻找新机会。

- 那的确需要适应（暂时的、局部的、非个性的）；
- 也许你需要个开始（可改变的、局部的）；
- 你的确紧张（暂时的）。

我们的资料显示，茱蒂的孩子正在一点一滴地学习她对待坏事的悲观理论，并将妈妈的理论变成自己的。我们发现母亲的乐观或悲观与她的孩子（不论男孩或女孩的乐观或悲观）都有很强的相关性。

即使只有部分的解释风格是从父母那里学来的，假如你是个悲观者，也必须改变自身的风格。在第10~12章，我们会提供改变孩子解释风格的认知技巧，我们也会教你如何改变自身的悲观看法。

教师与教练

将自己的解释风格不经意地强加于孩子身上的成人，并非仅是父母，教师与教练也有很大的影响力，因为他们每日接触的事物都直接关联于孩子的成功或是失败。当他们批评孩子时，他们的批评方式就会影响到孩子对世界的看法，孩子很快开始运用从他所敬仰的成人那里学到的某种解释风格，并用它来批评自己。

杰迈尔和瑞秋都是费兹维特太太七年级英语班的学生。费兹维特太太一向以出高难度测验题闻名，她要求学生背诵古典文学片段，又要每个学生将自己最喜欢的诗做个人化处理。没有人对费兹维特的教学创意及热情存有任何质疑，多数学生上完她的七年级时，都被灌输了对阅读、写作，尤其是思考的热情。虽然费兹维特掌握了做老师的技巧，但有时她也犯一种普遍存在的错误。请注意下面她在期中与学生的个别谈话，特别是跟瑞秋（女孩）的谈话与跟杰迈尔（男孩）谈话的不同点。

费兹维特： 请进，瑞秋，让我们来谈谈这学期到目前为止你的表现，你有什么感受吗？

瑞　　秋： 我很喜欢关于讽刺、嘲弄的东西。我的父母总是说我太过讽刺，现在我可以告诉他们其他著名的讽刺性人物，他们一定会喜欢的。

费兹维特： 好极了，我把他们的小女孩变成了个讽刺怪物了！我很高兴你喜欢这个部分，但是你的成绩不太好，尤其是写作。到目前为止，你写作功课多半是60多分，有些70分出头。写作似乎不是你所擅长的。有的人就是有这种本领，有的人则没有。但是你拼写及朗诵的成绩不错，你对那些部分相当在行。

瑞　　秋： 我想你说得对。我的写作不行，大概是像我爸爸，他说他在写作及其他英文方面都不好，他很擅长数学。

费兹维特： 每个人都有他的长处和短处。下次交作业前，可以先让我看看你所写的，也许对你会有一些帮助，好不好？

瑞　　秋： 谢谢你。

（杰迈尔的写作成绩也不好，请注意她对杰迈尔所说的话。）

费兹维特： 让我们来看看你的成绩，杰迈尔。

杰 迈 尔： 唉！我最讨厌这部分。

费兹维特： 有好消息也有坏消息，你想先听哪一样？

杰 迈 尔：先告诉我坏消息吧！

费兹维特：好！你的写作成绩不好，分数多半在70分出头，我看你似乎对功课没有下多大功夫，是吗？

杰 迈 尔：哦！写作不是我喜欢的，你是知道的，我无法以那种方式来表达自己。

费兹维特：你在说些什么啊？我听过你和女孩子讲话，听起来好像你只要真心想要，就知道如何有效地运用语言。我相信你只要用心去做，一定可以得到80分或90分的。

杰 迈 尔：也许吧！只是那些题目实在很难令我感兴趣，我对雷德利实在没有什么好说的。

费兹维特：好，那么你对谁才有话可说呢？

杰 迈 尔：我对女孩子有很多话可说。

费兹维特：那么这星期你写关于女孩子的短文，我们再来看看你会写得怎样。要好好用心写。我知道你有很多话，只要把它们写在纸上就好了。现在，好消息就是你拼写分数已经渐渐提高。你看，我是对的，这只是专心的问题。你花了一点功夫，成绩就提高了。写作也是一样的。

老师以不同的方式批评不同的学生。有时批评反映事实（你太矮了，无法跳过两米高的杆），但是有时它们也反映了老师的偏见和坏习惯。卡罗尔·德韦克（Carol Dweck）记录了关于对女孩与男孩的偏见。她是研究“课堂无助感”的首席调查者，她观察三年级的课堂来调查孩子失败时，老师是如何来批评他们的。她发现老师对男孩子的批评与对女孩子的批评有极大的不同。当女孩子成绩不好时，比如瑞秋的写作，她的老师批评她没有能力。被批评的孩子将它内化，就好像瑞秋说的：“我的写作不行，大概是像我爸爸，他说他在写作及其他英文方面都不好。”

要注意：将失败归罪于能力差是十分悲观的，因为能力是永久性的。一个才上小学的女孩子，被不停地批评能力差是十分可怕的。相反，当男孩子成绩不好时，三年级的老师批评他们不用功、吵闹、不专心（当然，这些批评中有一些是事实），这类的评语普遍较无害，因为努力、注意力及行为都是暂时的及可改变的。

由于性别上的微小差异，评语对孩子的影响是不同的。请记住：**对失败的悲观解释会使孩子害怕去尝试，在面对失败时，会造成他们无助及消极；而乐观的解释是将失败视为挑战，用行动来反映与制造希望。**人格研究家雅克·巴伯（Jacques Barber）研究成年男女如何解释他们人际交往上的失败以及成就上的失败。普遍来说，男性与女性在总体乐观水平上没有什么不同，但是当研究者将两个范围分开来看时，就出现了明显的差异。男性对工作乐观，将失败归于短暂、局部与外在的原因；而对人际间的失败则持悲观态度，提出永久的、普遍的及个人化的原因。女性恰好相反，她们对人际上的失败持乐观态度，却对工作上的失败持悲观态度。

19 世纪 80 年代早期，在俄亥俄州的一项研究中，研究者连续记录了所有高中取得第一名的毕业生在大学毕业后的生活。大学毕业后，大多数取得第一名的男性毕业生都选择有前途的职业；在临近大学毕业时期，取得第一名的女性学生就开始落后了，她们选择相对来说没有前途的事业或者辍学。也许部分原因是当女孩子面对成就上的失败时，她们听到类似缺乏能力这样的悲观性解释，而且经过社会的磨炼真的相信这种解释。男孩子所听到的是：相信只要他们更努力、听话、专心就可以克服失败。当女孩子长大成人后，她们带着将工作上的失败视为永久性的解释风格的包袱；而当男孩子长大成人后，他们学到的风格是努力工作就可以避免失败，因此他们会更积极地投入工作中。

霍文效应

托马斯·霍文（Thomas Hoving）是很难缠的纽约大都会博物馆馆长，他以高度的鉴赏力、察觉力以及自身在艺术判断方面不可动摇的自信心而闻名，但是他并不是一向都是如此充满自信心的。

他 19 岁时，在普林斯顿大学的成绩不及格，他感到焦虑、自卑并质疑自己的判断力。在辍学之前，霍文决定去上最后一门课，那是有关雕塑方面的高年级讲座。第一天上课，教授讲台上放了一件有细长管子的发亮金属物。

“诸位，”教授对 8 位普林斯顿的学生说，“请对此物件的美学优点特质提出意见。”

“圆滑的流动性。”长青联俱乐部的一位四年级学生说。

“球形和谐。”三年级的学生附和道。课堂里学生一个接一个地喝彩，直到只剩下这个三年级的长着青春痘的霍文。

“嗯，这个东西磨得太光滑、太机械化、太冷、太流线型、太具功能性，这不是艺术品。”霍文道歉地喃喃而语。

这件物品是妇科用的子宫镜。

“从此以后，”霍文告诉我们，“没有任何事可以阻止我了。”

霍文转变的事件是正面的。我相信，打破儿时或青少年时期生活惯例的一项重要事件，不管好坏，可能会使孩子重新定义自己是谁、有什么价值，从而显著改变他们的悲观或乐观。研究这种罕见事件极端困难，也正因为它们极为少见，所以霍文效应的证据比父母、老师或基因影响乐观的证据要弱。一项证明从研究悲剧事件得来，那就是母亲的死亡，因为这种不幸事件足以让我们做深入研究。

乔治·布朗（George Brown）是伦敦一位精力旺盛且有着奇特经历的社会学教授。30多年来，他研究伦敦贫穷主妇的抑郁前兆，发现在那些11岁前母亲去世的成年人中，一生患抑郁症的风险性很高。母亲的过世是永久性的（她不会再回来）、普遍性的（孩子有许多事都依赖母亲）。从那时起，就成为她们看待损失的标准，所有的挫折很快被灾难化为永久及广泛的损失。有这样一个例子，一位幼年失去母亲的妇人，得知她成年的儿子将移民去新西兰的消息，她不认为儿子离开是去创造新生活并且还会回来，而是将儿子视为死亡。在幼时遭受身体虐待或性虐待的成人，也会有悲观的解释风格。父母争吵、分居或离婚是给孩子带来创伤的更常见的事件。父母之间常出现纷争，那么他们的孩子会较为悲观，甚至会患抑郁症。

相对的，一项意料之外的挑战所获得的掌控感可成为乐观一生的主要动力。

1950年，我15岁，我正在马铃薯田里做着成为布鲁克林道奇队内野手的白日梦。我很努力地提高自己不算太好的棒球技术。我也知道自己近视、太胖、跑得慢、笨拙，球时常从我的手套边飞过，或是从我伸出的球棒边飞过。我讲话女孩子们都听不懂，我很容易脸红，难怪我喜欢的女孩子从来都不正眼看我。

那个夏天，我遇到了响尾蛇。

它朝着我的右边看，虽然叉开的舌头在飞舞，但是它还没有发觉我。我走了几步后就停下来，我可不能错失这次机会，不能让这条蛇在我的后院横行。我有球棒，也有响尾蛇，所缺的只是结果。我们两个中，一定有一个得死。

当我挥棒时，我完全落空，棒子打到离目标还有好几寸的地上。“只用棒尖打”，正如爷爷警告我不要做的那样。它转过头来，好像在决定是否要咬我，但是它的眼睛闪着恨意，嘴里发出嘶嘶声。它正对着我，尾巴摇动作响，并朝我露出储存毒液的尖牙，它的嘴又白又宽。我弯下身一棒又一棒地挥击它，它终于在离我几英寸的地方停止前进了。

我等到它完全停止抖动后，用手从靠近它尾巴的地方把它拎起。我走向屋子，手臂向前直伸，蛇在我的面前摇晃。“我的天呀，”爷爷说，“这个小孩自己抓了条响尾蛇。”

那个夏天我瘦了 12 斤，秋天开学后，我体型匀称、走路姿势优美、跑得更快，并去参加学校的舞会，我也学会了与女孩聊天……

最近在父母家，我找到一张 1950 年照的黑白相片。相片中有个胖胖的戴眼镜的小勇士，手里握着一条 1 米长刚被打死的响尾蛇。那个小男孩笑得很灿烂。

相反的情形也一样是真实的。不寻常的无助与失败，例如母亲去世、身体上遭受的虐待、父母激烈的争吵，或是青春期在性爱方面被严厉地拒绝等，都可能使乐观崩溃。“我永远不能完成一件事情”、“世界不公平”或是“我没有值得别人爱我的地方”，自此发展的假说是不需外力协助就可自行完成的。一旦悲观出现，就会得到强化。每一次拒绝与失败都会有一些永久及普遍的真实原因，发展中的悲观者抓住这些原因，并将它们视为唯一的而忽略其他较乐观的原因。发展中的悲观者只要打开电视或是阅读报纸，即可加强其悲观的想法，悲观就会成为他的生活方式了。

总之，悲观的来源有四个：

- 基因；
- 父母的悲观；
- 从父母、老师或教练那里得来的悲观性批评；
- 掌控感和无助感的经验。

最重要的问题就是：你该如何干预？如何将悲观转变成乐观？如何加强并保持孩子的乐观？你无法改变孩子的基因，但是很大程度上基因决定了他成功或失败的经历。你可以改变自身的悲观，改变批评孩子的方式，并在适当的时候给予孩子掌控的经历。你也可以直接教导孩子乐观的技巧，这将是第四部分的主题。

第四部分　如何教出乐观的孩子

The Optimistic Child

第 8 章

处于险境的孩子

教孩子了解他们的思维是可证实且可改变的，不必相信进入脑中的第一个想法。我们都有发生在意识边缘的“自动思维”，虽然这些想法十分短暂，难以察觉，但它们会直接带来悲伤、焦虑和气愤。

我们对五六年级的学生进行了实验性研究，研究结果使我们受到鼓舞。现在我们已经准备要找一个学区来进行大规模的研究，并选择了费城外围一个中产阶级的郊区阿宾顿作为我们的第一个目标。我曾对费城东部学区主管做过一次演讲，阿宾顿学区主管路易斯·赫伯特博士（Louis Hebert）的大胆问题及热心参与青少年教育改革的态度给我留下了深刻印象。阿宾顿的地理位置对凯伦、丽莎及珍妮来讲也很方便，于是我们安排与赫伯特及主管学生服务的埃米·西奇尔博士（Amy Sichel）见面讨论整个研究计划的细节。

在学校里做实验，时常会与老师、校长、校董事及学生家长的要求相冲突。比起在实验室可掌控的情况下做研究，这要难上无数倍。社区研究通常都需要许多外交及谈判手段，因为此类研究十分复杂，所以第一次会面可能不顺利。作为研究者，我们必须要制定某些特定规则，那样计划实施成功后才可复制及推广。作为学校主管，赫伯特与西奇尔必须十分谨慎，确定学生不会受到伤害，并且不能让家长与学生有小白鼠的感受。我们十分幸运，因为赫伯特与西奇尔均有科学家的思维模式，计划的完整性及其大规模的应用，就要看我们是否能将影响评估做得更好。

首先，必须同意测量研究结果的方法。我们同意在训练阶段之前、之后发放问卷给学生、家长及老师。不仅我们可以评估变化，家长和老师也可以评估变化。我们也向他们说明了计划的目的不在于找出短期内可帮助学生的捷径，而是在接下来的几年中，跟随学生直到升入高中，每隔6个月到学校来一次跟踪评估，以此来求证此计划是否可以长期预防抑郁。

接下来，我们要应付最棘手的问题，即成立控制组。随机分配的控制组是评估计划成果的最佳方式。作为研究者，我们希望给所有经父母同意参加的五六年级学生发一份初步问卷，然后从中检测出有较高抑郁风险的学生，随机形成两个小组，一半参加应对技巧学习课程，另一半则为控制组。当研究者用随机方式进行分配时，两个小组之间就没有任何系统性差异，例如父母教育程度。两个小组之间唯一的系统性差异就是一个小组的学生参加我们的课程，另一个小组不参加。然后两个小组的学生，不论被派为哪一组，都填写同样的问卷。既然学生是被随机分派到小组中的，那么项目结束之后，两个团体对抑郁的不同反应（即问卷的结果所显示出的差异）就可以告诉我们这项计划是否有效。如果控制组的学生比那些参加应对技巧课程的学生有更明显的抑郁感，我们就可以证明此计划可以预防抑郁。

作为整个学区的主管，赫伯特与西奇尔自然会担心家长与校董事会认为我们指认出抑郁高风险的学生后，只向一半的学生提供帮助，而让另一半学生自生自灭。最后，我们达成协议，同意使用等候控制组。应对技巧课程中有70名学生，而等候控制组中有30名学生。一年之后，等候控制组中的儿童可以参加其他70名学生一年前所学的课程。控制组中的儿童较晚一年进入课程而并非完全不能参加课程。阿宾顿的主管对这种解决方式很满意，但是我们却不太满意。

我们关切的是长期预防，假如比较组仅有一年的不同，则无法发现抑郁的长期预防是否有效，以学校为基础的计划结果和治疗，通常都会很快地消失。我们的任务就是发展一套可以改变学生一生轨迹的计划，所以我们需要一个可以一直追随到高中的长期控制组。研究结果显示当学生处于青春期时，抑郁发生率大为增加。假如无法比较青春期，我们所做的任何预防结果都会经不起考验。

我们决定在另一个与阿宾顿有类似收入、教育和种族混合程度的学区内成立长期控制组。这并非是个完美的解决方法，但仍是个良好的补救方法。我们与另一学区签约，并同意在阿宾顿计划结束时，对此学区的学生实施同样的计划。

宾夕法尼亚预防计划

我们的计划听起来、看起来都与学校无关。许多即将成为我们研究对象的孩子，已经对学校产生了不安的情绪。当孩子陷入抑郁时，他们会在生活中的重要人物及重要经验面前退缩，因此学校及其他社交已是成为抑郁侵袭的主要对象。当孩子开始退缩时，他们的学习成绩也会下降。当孩子抑郁时，他们就会对以前喜爱的活动不再感兴趣。例如当温蒂不抑郁时，她最喜欢有关社会历史方面的课，尤其是有关美国内战的故事。温蒂说当她感到抑郁时，她似乎对任何事情都不在乎了。她知道以前很喜欢的那些东西，但总是觉得很无聊，也不再喜欢那些课程或是老师了。难怪她的成绩退步了。

即使抑郁的孩子仍对上学感兴趣，但对他来说，集中注意力还是很困难的。抑郁的一个重要特征就是注意力分散。学校中学生的正常注意力时间很短，轻微抑郁的孩子的注意力时间则更短。对这些孩子来讲，不但课堂上有许多事使他们分心，例如同学所讲的笑话、走廊里的噪音或是外面的吵闹声，同时他们自己也有许多消极思维，从而使他们的注意力无法集中，例如“我总是做错”、“杰米不再喜欢我了”、“我讨厌学校”等。注意力差，成绩就下降，抑郁大大减弱了孩子重新振作及再尝试的能力。

在这种情况下，我们知道计划必须将抵抗抑郁的核心技巧与吸引力相互结合起来。所以我们制订了一套 12 个星期、24 个小时的以漫画、互换角色、游戏、讨论及录像带的形式来教授每一个核心概念的计划。同时创造了两个“应对技巧”的角色——常存希望的霍莉与她的弟弟霍尔。

这对乐观的姐弟被称为“银子”，因为他们总是可以在最黑暗的地方找到闪光之处。他们喜欢挑战，承担着帮助忧愁的格雷格及悲观的贝妮的责任。他们教导绝望的杜欧如何向自身的消极思维挑战，并协助他找到应对问题的方法。实话实说的沙曼珊帮助欺负人的布兰达及懦弱的彼得学习坚持己见及权利的技巧。

每一个概念都由一个角色来演说，并且在整个计划里，这些角色出现在抵抗抑郁技巧的短剧及故事中。

宾夕法尼亚预防计划包括认知和解决社交问题这两个主要部分。为了使正常小学生适应认知治疗的核心要素，我们来教孩子认知到：**思维是可证实且可改变的，孩子不必一定要相信进入脑中的第一个想法。**我们都有发生在意识边缘的“自动思维”。它们就是我们整天对自己所说的短暂、很少能感受到的那些话。虽然这些想法十分短暂，难以察觉，它们却会直接带来悲伤、焦虑和气愤。我们的第一个步骤，就是教儿童如何捕捉他们对自己所说的话。

以下，是六年级的玛莉有关如何学习捕捉自己自动思维的想法：

你知道，有时候某一首歌的歌词会在你的脑海中不停地翻来覆去，就像有一次，爸妈带我去看一场叫《音乐人》（*The*

Music Man）的歌舞剧。看完后的整个星期里，其中一首歌的歌词一直在我脑海里转来转去，我并不是特别喜欢那场表演。凯伦告诉我们：在我们的脑子里，也有些是对自己说的单词、句子或事情。起先我们以为她发神经，但是她教我们注意自己的想法，她是对的，她给我们计时，时间到了，我们要将刚才那段时间内所想的东西写下。有时我会想“我的头发真难看”或是“没有男孩喜欢我”。有时我会想快乐的事，但是多半时候都不是这样。

经过练习，玛莉可以注意到自己的自动思维。孩子一旦可捕捉到自动思维，他们便可以学习如何正确地评估思维。判断他人的指责是否正确是大部分儿童已具有的技能，但是当指责来自内部时，他们却不会应用同样的技能来判断。假设被朋友指为自私或是偷懒，多数儿童或成人会用一连串有力的证据来反驳指责。“偷懒？谁说的？几个盘子没洗算什么？我早上 6 点 30 分就起床，做运动到 8 点，然后去上班，一直到晚上 6 点才下班。回来时还得顺路去拿你的干洗衣服。偷懒，你疯了，竟说我偷懒！”

但是，通常当我们指责自己时，就不会应用这种方法。对于我们跟自己所说的话，我们似乎认为它一定是不可争辩的事实。抑郁的人明显倾向于接受自我批评，并将之视为事实。

为抗拒此类倾向，我们教孩子利用侦探的角色，来判断自我指责及悲观思维是否正确。我们利用大侦探福尔摩斯及指导错误思维的“糊尔摩斯”的故事来介绍这个概念。

从前，在一个很像阿宾顿的小城里，有一个 10 岁的女孩骑着她红色的新脚踏车来到学校。她把脚踏车锁在柱子上，很高兴地去上课。放学后，小女孩很兴奋地朝着她的脚踏车跑去，她迫不及待地想跨上新脚踏车，飞快地骑回家。但是当她跑到锁车子的地方时，却发现脚踏车不见了。

“啊！我红色的新脚踏车呢？”她很难过地大哭起来，就在那时候，有个戴着一顶很大的帽子、长得很奇怪的人走到她身旁。她不认识这个人，也从来没见过他。她想：“我不认识这个人，也从来没见过他。”

“请不要惊慌，小女孩。我就是鼎鼎有名、伟大的侦探糊尔摩斯，我来为你服务。”

“我从来没有听过叫作糊尔摩斯的侦探。你是不是说福尔摩斯呢？”小女孩问道。

“不是！我是糊尔摩斯。”侦探回答说，声音听起来好像有一丝丝不耐烦，“为什么每个人总是把我跟那个家伙搞混呢？反正，我知道是谁偷了你的脚踏车，就是那个恐怖危险的丹尼！”

“哇！”女孩叫道，“好快呀！你怎么能那么快就指出是谁偷了我的脚踏车呢？”

“呀，没什么了不起。他就是我脑子里想到的第一个名字。所以一定就是他！”说完，他就转过身，差一点绊倒自己，朝着夕阳走去。

但是我们的故事还没有完呢！就在那时，勇敢又可爱、世界闻名的福尔摩斯来到现场。他脱下披风，扶正他的帽子，说：“我不同意那个傻瓜糊尔摩斯所说的。我就是许多书中闻名世界且勇敢又可爱的主角福尔摩斯！”

小女孩觉得这个人有点高傲，但是她急需他的帮助。福尔摩斯继续说：“小朋友，我不同意那个傻瓜糊尔摩斯所说的。他算什么侦探？真正的侦探不会仅凭出现在脑中的第一个名字就下定论。好的侦探会列一张嫌疑犯的名单，然后寻找证据来捉贼。我现在去寻找线索及证据，我回来时，会告诉你是谁偷了你的脚踏车。”说完，福尔摩斯披上他的披风，扶正他的帽子，很快地走向街上。

“那可真是个奇怪的人。”小女孩想，“不过，他好像对他的工作十分认真。”

那天傍晚，小女孩正在家门口玩，她听到了一个奇怪的声音，便转过身来，福尔摩斯正站在她面前。

“嗨，小姐，是我，福尔摩斯。”

“这事越来越古怪。”小女孩心想，接着说：“你有没有查出是谁偷了我的脚踏车？”

“是，我查出了。首先，我猜想是危险的丹尼。但是当我搜集证据时，我发现你的脚踏车被偷时，丹尼已因逃课受罚不能出来，所以不可能是他。然后我想也许是狡猾的斯蒂夫。但是当我搜集证据时，我发现你的脚踏车被偷时，他正在用他的零用钱打电动玩具，所以也不可能是他。然后我打算去调查坏贝蒂，而我搜集证据时，发现在锁脚踏车柱子旁边，有一条绑头发的缎带，上面印着坏贝蒂的简写‘BB’。然后我到坏贝蒂家，她的妈妈告诉我说贝蒂骑着一辆崭新的红色脚踏车出去了，说是因为她表现良好，从学校得来的奖品。最后，我到附近去找她，终于找到坏贝蒂。她果真骑着你的脚踏车，而且正在那吓唬比她年纪小的小孩呢！”

“啊！福尔摩斯！”小女孩喊道，“你真是了不起。你比那个傻瓜糊尔摩斯聪明好几倍。那么，你现在可不可以把我的脚踏车还给我呢？”

福尔摩斯低着头看着脚，结结巴巴地说：“噢！啊！嗯！我并没有把你的脚踏车讨回来。那个贝蒂，又高又大又很凶，我看你还是请你的爸妈帮你去讨回来吧！”说完，福尔摩斯抖了一下披风，调整他的帽子，消失在夕阳里了。

在第 9~11 章里，我们会教你如何应用主要概念及如何和你的孩子一起进行宾夕法尼亚预防计划认知部分的活动。

计划中的第二个部分就是教孩子如何处理人际冲突和解决社交问题。容易抑郁的孩子时常表现出两种人际交往风格中的一种：他们不是因不能立即得到想要的东西而欺负人，就是因不想引起麻烦被人欺负而自动退缩。难怪，消极的孩子容易被人欺负。

爱欺负人的孩子看到的每一个地方都充满敌意与侵略，他也以同样方式反抗。他的座右铭是“最佳的防御就是强力进攻”。他需要学习如何放慢脚步，将“侵略雷达”的敏感度调低并且学习以其他方式来应对挫折。消极孩子的座右铭是：躺下装死。他们觉得坚持己见是无助的，所以每当冲突发生时就退缩。这样的孩子需要了解自己并非无助，需学习如何变得坚定自信。第 12 章会教你如何将社交与人际技巧传授给你的孩子。

开始计划

我们计划的第一步就是检测出容易抑郁的孩子。下面几项因素都会增加孩子抑郁的风险：父母抑郁、母亲去世、有轻微抑郁症状以及家庭生活不和睦、父母时常争吵等。因为要找出父母抑郁的例子十分困难，而且在阿宾顿，母亲去世的例子也不多，所以我们将精力集中在后面两项因素，并尽量将更多儿童包括在内。

实际的检测过程相当简单且迅速。每一个经由父母同意参加的儿童都需填写两份问卷，一份是测试抑郁症状，另一份是测试孩子对家庭纷争的看法。因为检测的方式并不需要很长的面谈时间，所以我们能够在 20 分钟内评估 20 名学生。

1990 年冬季，宾夕法尼亚预防计划正式开始。丽莎、珍妮与凯伦检测了 200 名阿宾顿学区内的五六年级学生，选出 70 名有抑郁高风险的儿童参加计划。70 名儿童被分为六组，丽莎、珍妮和凯伦每人各教两组。为了确保每一组所教的材料完全相同，我们对每一节课都制定了一套详细的教学手册，并且将每一节课都录下来，作为教学评估。

计划开始的前一天晚上，研究小组一起讨论工作，并分享终于要到课堂上与孩子相见的兴奋感和紧张感。我们花了两年的时间制订出的计划即将首次真正与一群有抑郁高风险的孩子见面。将科学带到社区是件令人十分兴奋的事，且责任重大。我们将走入这 70 名孩子的生活，这使我想到与索尔克博士的一席对话。希望这次心理免疫的首次实验，可以实现他崇高的理想。

那年的冬春季，我们一直与小组一起上课，每一组被试都有不同的个性。有一组特别团结及友善，他们给凯伦庆祝生日，亲手做了许多礼物及糕点，凯伦完全不知情，因为距离她的生日还有四个月；另一小组比较安静，但是以极精确的方式学习技巧；第三个小组则有许多矛盾，彼此之间的相处方式也很粗鲁。对他们来讲，维护自身权益的技巧就是让自己显得更重要。我们曾希望成为他们生活中的一部分，却没有料到他们已成为我们生活中的一部分。

许多儿童都有相似的家庭经历，因为我们检测的标准之一就是家庭纷争，组内有许多孩子是与时常争吵、离婚或分居的父母住在一起的。每个孩子都有他自己的故事。有一个五年级的男孩，妈妈在车祸中伤得很重，爸爸不能忍受命运的转折，经常忽视儿子。托比刚进入我们的计划时，认为自己做错了事而使爸爸讨厌他。他经常反复回想他所做的事，希望能找出做错的地方并进行修正。

> 我的家庭很恐怖，妈妈生病无法起床。我们将床搬到客厅，好让她看到更多的人和更美好的东西，但是对她来讲仍然很痛苦。我的姐姐打算离开大学回家帮忙，但是妈妈不同意她休学。使我十分烦恼的是爸爸几乎都不和我讲话了。我知道，有时候我会惹麻烦，爸妈都很苦恼。但是这一次，我实在想不出我哪里做错了。通常，如果我做错事，自己都会知道的，例如与马克打架，或是在班上取得坏成绩，但是这一次，我真的是不知道。我甚至问了爸爸一两次，但是他只是说我没有做错任何事。可是我知道我一定有，如果我没有的话，他是不会像这样生气的。

托比的家庭生活正处于危机中。虽然我们的计划无法改变他所处的现实环境，但是我们可以帮助托比学习如何不再责怪自己，并且加强他的心理承受能力来应对损失及痛苦。以下是托比看到的自己身上发生的一些改变。

> 家里的情形仍旧相当糟糕。姐姐休学一学期对家里有点帮助，我想爸爸与我之间的情况大概有些好转，但是没有太多。不过我已学会如何不再不停地责怪自己了。我们玩的侦探游戏，帮助我辨认是否过分责怪自己。有时，当我开始想每件事都是我的错时，我就记起我们在课堂上所做的事，这对我有帮助，就好像一两天前的晚上，我躺在床上，一直在想我一定做错了什么事，否则为什么这种坏事会发生在我家。我一直在回想我以前所做过的所有坏事，这使我觉得十分难过。然后，我记起凯伦教我们如何像福尔摩斯一样寻找证据，我就开始照样去做。我本应该起来开灯，把它写下来，但我只是在脑子里想，这对

我真的有帮助。我想到我做的许多好事，比如帮妈妈做家事，帮爸爸煮饭之类的。这使我的心情好很多。有时，当我很难过时，我会忘记做福尔摩斯，但是只要我记得，这就会对我的心情有所帮助。

计划中的一名六年级女孩玛莉安最近发现自己是被领养的，她觉得好像她的整个世界都改变了。所有事都和以前不一样了，她对父母没有及早告诉她实情感到十分愤怒。

那天，他们告诉我的每一件事情，我都记得十分清楚。我正在格兰家玩他的天竺鼠，妈妈打电话来叫我回家。她的声音听起来有点奇怪，我以为她发现我打电话捉弄丹尼，我想我大概会被惩罚。当我回到家里，爸妈两个人都在，他们叫我到客厅里坐下。我感到十分害怕，因为他们两个人看起来都很严肃。通常如果他们发现我做错了什么事，会马上对我大声叫骂，从来没有叫我坐下讲话的。我们都坐在客厅里，妈妈开始说："爸爸和我都十分爱你，我们有件十分重要的事要和你说。"

我预料他们大概要说的是离婚，我有一两位朋友的父母离婚了，而他们讲话的口气，就好像是要讲那种事似的。当他们告诉我说我是领养的，我差一点死掉。我起初不相信他们所说的，我坐在那里一直想："我的天，他们一定是疯了，真不相信他们和我开这种玩笑。"终于，我把他们的话听进去了，我知道那一定是真的。然后我变得非常愤怒，这是我从未有过的愤怒。他们告诉我的唯一原因是乔纳森在翻爸爸办公室的黑档案柜时，找到一些文件，上面写着我是被领养的。他们怕我发现，所以想亲口告诉我。如果不是因为乔纳森，我还一直以为自己是他们亲生的呢！

在实行计划的这段时间内，玛莉安主要的注意力集中在父母对她隐瞒事实上。她认为他们已谋划好不让她知道，如果不是她的弟弟无意间发现，他们是永远也不会告诉她的。玛莉安对父母十分愤怒，拒绝与他们谈话，并且尽量待在自己卧室或同学家。

我们帮助玛莉安从多个角度来看她父母的动机，这减少了她对父母的气愤，并且使她能够跟他们谈论自己的感受。

> 我真的很喜欢来参加这项计划。珍妮人很好，而且她帮了我许多忙，她帮我最多的就是关于领养这件事。我对爸妈十分气愤，甚至无法与他们待在同一座房子里。我放学回家后，不是到萨拉家，就是躲到自己的房间，把门关上。我就是这样对他们不理睬，我知道这听起来很幼稚，但我实在没有办法。当我坐在饭桌旁时，我必须不停地告诉自己："不要做任何傻事，吃饭，闭嘴。"我跟你说，我真的想端起饭菜向他们扔过去！
>
> 珍妮帮我改变我的思维，找出关于这件事的症结来仔细分析我对自己所说的话。我觉得如果他们真正爱我，就应该立刻告诉我。既然他们告诉我的唯一原因是乔纳森发现了，那么他们说不定打算永远不告诉我。但是珍妮帮我想出他们没有及早告诉我的许多理由，以及为何决定要等我长大后才告诉我的原因。也许他们要等我长大后更懂事了再告诉我，也许他们怕我知道后会难过，所以不想告诉我。我总共想出了7个原因。当我开始想到这些不同的事之后，我就不再觉得这么难过了，我甚至开始问他们一些关于这件事的问题。

在12个星期内，我们与孩子共相处了整整24小时，听他们的故事，帮助他们提高应对能力，实在很难跟他们说再见。如果能够偶尔与孩子们打电话，问问他们的近况，那该有多好！但是因为这是个研究计划，特别

乐观的认知技能

你在本章及后面两章之中所学到的技能，就是认知治疗师用来医治抑郁的主要策略，但我们已将它修改并用在非抑郁的人身上。认知治疗是一种短期治疗，它与利用药物控制有相似的效果。也就是说，将有同等抑郁严重程度的病人，以随机方式指派到认知治疗或是用最有效的药物治疗时，大约同等数目的病人（70%）会有显著的进步，但是一段时间后，重要差异就出现了。我们长时间追踪治疗的对象，每6个月测量一次他们的抑郁状况，**发现以药物治疗的病人复发病症的几率比以认知治疗的病人高了两倍**。认知治疗教病人运用新的思维技能来应对下一次发生的消极事件，从而减少未来出现抑郁的风险。虽然起初药物与认知治疗都有效，但认知治疗有更好的预防作用。

认知治疗与宾夕法尼亚预防计划均有四项乐观的基本技能。

乐观的第一个技能被称为“捕捉思维”。即在你感受最难过的时候，要尝试指认出闪过脑海里的那些想法，这些想法虽然不太能被感知到，但会严重影响你的情绪与行为。这项技能被称为“捕捉思维”。

莉迪亚已学会捕捉对自己所说的负面想法。她是三个小孩的妈妈，最大的孩子上小学五年级，最小的上一年级。早上她为三个小孩上学做准备是她一天中最困难的时候。孩子匆忙出去时所听到的最后一句话常是莉迪亚对他们的叫骂声。叫骂过后，她又后悔，因此莉迪亚感到很抑郁。应用捕捉思维后，她发觉在叫骂之后，她总是对自己说：“我是个很坏的妈妈，像个泼妇似的，我的孩子会恨我的，我相信我的叫骂声会贻害他们一生的。”

乐观的第二个技能就是，对这些自动思维进行“评估”。这就是说，要明白对自己所说的话未必是正确的。莉迪亚学会将对自己及世界的看法视为需要经过证实的假说。她也学习了如何搜集证据来确认她的想法是否正确。

我们问莉迪亚，她自认为是个坏母亲，这个假说有什么证据呢？她讲了一连串的事情。然后我们又请她写下可以证明自己不是坏母亲的事情。这对她好像是件难事，她写出的事情也很少。我们再三请她仔细想想是否有其他的行为，记录单上的事情很快就增加了。她为他们煮饭、烧菜、洗衣服，放学后陪他们踢足球，教他们做数学题，分担他们的忧愁，教他们弹吉他，与他们讨论他们的问题。经过整理这些证据后，莉迪亚就不再那么强烈地觉得自己是个坏母亲了。

乐观的第三个技能是，在坏事件发生时找出“更正确的解释”，来挑战自己的自动思维。莉迪亚学会说：“在下午，我对孩子们不错，但是在早上就不太好，我一向不是个喜欢早起的人，我想我必须控制自己早上的暴躁脾气。”当她对捕捉到自己的思维“我是个坏妈妈”时，莉迪亚学会用“不是喜欢早起的人”这个永久性较弱的原因来解释对孩子的叫骂。经过练习，莉迪亚可以用新的解释来打消像“我是个坏妈妈，我不应该有小孩，因此我不值得活下去”等一连串的负面思维。现在她可以对自己说：“因为我不是个喜欢早起的人就决定我不值得活下去是完全不合理的。”当莉迪亚发现自己仅在早晨有问题而不是个完全失败的母亲时，她的心情就改善了。心情改善后，莉迪亚的精力也更充沛了，这时她发现早晨的时间其实并不是那么不能忍受的。

乐观的第四个技能是，化解灾难性的思维。莉迪亚是个将事情灾难化的人。当她的朋友艾琳提到她对莉迪亚时常更改计划感到抑郁时，莉迪亚不但认为与艾琳的友谊会结束，而且认为与其他人的友谊也会受影响。当艾琳告诉莉迪亚她的感受时，她立刻就想到：“糟了，我搞砸了。艾琳不愿意直说，但是她不想再和我做朋友了。我知道将会发生什么事，她会去告诉雪伦、玲和冬妮，然后她们也都会不再和我来往。”

莉迪亚学会如何正确地去评估她最害怕的事情发生的可能性。她能够将自己的精力用来改正问题，而不再处于不真实的恐惧幻想中。

捕捉自动思维、寻找证据、找出其他的选择和化解灾难性思维，就是宾夕法尼亚预防计划的中心认知技能。

ABC 模式

许多人相信心情好坏是由发生在我们身上的事情决定的。有人违背我们的意愿时，我们感到气愤；心爱的东西遗失了，我们感到抑郁。当然，生活中的事情与心情是有关联的，但是它们的关联比我们想象的更微弱，以下是一个好例子。

珍妮弗与泰拉是已有 12 年交情的朋友及邻居，她们见证过彼此的胜利与失败。去年，两个人决定一起去度假，不带先生，不带孩子。她们没有太多钱，所以决定找个便宜的地方。两个人都对露营没有多少经验，但都觉得这是个很好的挑战。她们搜集东岸地点的资料，然后决定去北卡罗来纳州的海边露营。车子装满了从朋友那借来的装备，她们与家人告别后就上路了。

三天之后，就在珍妮弗与泰拉搭好帐篷时，天就开始下雨了，起先只是小雨，很快就下大了。风越吹越大，将营钉从地上拔起，似乎要把帐篷掀翻。她们忘记带塑胶地布，几分钟之后，珍妮弗与泰拉就已感受到泥水渗入帐篷。当风雨声大得震耳欲聋时，她们开始感到害怕，并且决定另找避雨的地方。她们尽快上车，打算早上再回来收拾东西，但是暴风雨持续了 18 个小时。

由于洪涝及风雨带来的灾害，珍妮弗和泰拉三天都无法回到营区。她们住进了一家廉价的旅馆，没有电话，电视的声音像是在水里讲话，柜台接待员一张冰冷的脸，并且他的胸前刺着“天生猎人”的字样。

当她们回到营地时，发现所有东西都被损坏了，帐篷有数道裂缝，睡袋与厨具都不见了，野营灯的玻璃碎得满地都是。没有什么东西可以还给朋友了。

虽然这次旅行惨败，但珍妮弗与泰拉对同样的遭遇有着非常不同的反应。起初两个人都十分气馁。她们对营地受损的情形感到吃惊，尤其是想到不知道要花多少钱才能赔偿朋友借给她们的东西。

回家的路好像很长，刚开始开车时，两个人都觉得无趣。一两个小时后，珍妮弗开始痴痴地笑。她们狼狈的历险使她觉得好笑。“啊！是呀，我们的确省了很多钱，没有住四星级的大宾馆。我们是要度个便宜的假呀！”珍妮弗越是笑，泰拉就越沉默。

开到家，珍妮弗已经想好了“城里姑娘荒地历险记”的故事，她迫不及待地想告诉她的家人这次艰险的经历。但是每次她要开始讲时，自己就先笑个不停，只好重讲。泰拉尽快地下了车，告诉她的家人她要休息，明天再和他们讲话。

艾伯特·埃利斯（Albert Ellis）与阿伦·贝克（Aaron Beck）共同建立了认知治疗，发展了“ABC模式”。A（adversity）代表不好的事。不好的事可能是任何负面的事件，例如不愉快的假期、与要好的朋友吵架、心爱的人离去等。C（consequences）代表后果，不愉快事件之后的感受与行为。通常，看起来好像不愉快的事件立即且自动地产生后果。但是埃利斯认为想法——B（beliefs），即对不幸事件的看法与解释，才会引起某种特定的后果。

珍妮弗与泰拉遇到同样不愉快的事，但是结果却完全不同。不同点产生于她们所作的不同解释，以下是珍妮弗的解释。

不好的事： 哇，好一个假期！老实说，这是自从我们公寓劫难以来所过的最糟的一个星期。我们开了三天车就为了赶上北卡罗来纳近年来最强烈的暴风雨，它将整个营地摧毁，比利和罗吉的东西几乎全部被毁。结果泰拉和我一直都待在一个到处是蟑螂、破破烂烂的旅馆里。我跟你说，我们去年夏天住的那家旅馆与这家相比，简直像是泰姬陵。

想　　法： 我真不相信会发生这样的事情，真是倒霉。我想我一开始露营的念头就很愚蠢，我是说，泰拉和我都没有什么户外活动的经验。带孩子去博物馆看濒临灭绝的动物展览，大概就算是我们与大自然最接近的经验了。所以我想我们真笨。但是后来我继续想这次是个大玩笑，我是说每一件可能不顺利的事都发生了。我告诉你，我们应该成为官方的“墨菲法则”的吉祥物。你知道，不是因为我们对露营没有经验，而是那一场暴风雨。我想这只是有点背运罢了！

后　　果： 风雨后的头一两天，我觉得好难过。我几乎觉得不好意思，也不想和泰拉谈起。我的感受糟透了。最糟的是，当我们终于回到营地时，看到所有的东西都被损坏了，我只想跳上车，赶快离开，我不想向比利和罗吉解释。但是度过了最初的惊吓后，我就开始觉得好笑了。我是说这件事实在是幽默曲折。我一旦开始觉得它好笑，就越来越觉得它好笑。泰拉觉得这事很沉重。我想让她高兴起来，但是她心情一直不好。也许我该把这次经历写下，可惜报纸上没有“反度假与休闲”的专栏！

起初，珍妮弗觉得不好意思又难过。她幻想逃离现场而不必告诉任何人。在她刚看到混乱的现场时，这种反应是可想而知的。她最初的看法是她自己很愚蠢，是个大笨蛋。当我们相信旅行失败是由于自身的愚蠢所造成的时候，多数人都会有这样的感受，这是个人化的、永久的和消极的解释。珍妮弗的不好意思只是短暂的，当她开始将情况视为倒霉的结果时，她的心情改善了，并且能够将不愉快情况转成幽默的故事。

泰拉对这件事的看法，一如她告诉她先生的，与珍妮弗的非常不同，也造成了不同的后果。

不好的事：我们到了那边，才 6 个小时，暴风雨就来了。我从来没有看到过如此景象，简直把整个地方都扫平了。我们意识到它的严重性时，就赶快跳上车去找地方过夜。我们以为只会在旅馆里住一个晚上，但是三天内，营地管理员都不让我们回去。

想　　法：你知道，我实在不愿意说，但是我早就应该知道的。我是说，我简直不相信我有这么笨。当然，我对暴风雨一点办法也没有，但是我使已经糟糕的情形变得更糟。例如把营帐装备留在那里。多笨啊！东西是借来的，我应该把它都收拾好再离开，但是我却把它留在那里，不是被偷就是被损坏。而且，我应该在家做好准备工作。我记得我有想到该打个电话去问问每年这个时节的天气情况，当然，我没有这么做。我就是这样，每一件事都是一知半解。我就是这样的人，又懒又草率，这一次我的偷懒可让我们破财了。

后　　果：这次的经验真恐怖，它是我印象中最糟糕的一次。珍妮弗和我在事后的头两天，都觉得好抑郁，但是后来她就开始觉得好笑了，我不知道她是怎么觉得它可笑的。她一直想让我开心，我知道她是想帮助我，但是她的举动使我很烦。我是说，到现在我还是不知道她怎么能够笑得出来。我知道你昨晚有点生气是因为我不想和你讲话，但是我实在觉得难过。我实在不喜欢告诉你这些事，我觉得好内疚、好难过。也许在你看来这不是什么大不了的事，可是我仍旧觉得好蠢。我只希望能把它忘掉，当作从来没有发生过一样。

对泰拉来说，这次旅行一点也不可笑。她觉得内疚和难过，因为她相信这次不幸事件是由于她的懒惰、愚蠢和没有远见所引起的。这些原因是永久性的。“所做的每一件事都是一知半解。我就是这样的人。”珍妮弗能够改变她对此事的解释，使自己心情好转。相反，泰拉就无法从任何其他的角度来看这个问题。对她来说，失败的假期更暗示了自己的无能。泰拉的想法就是悲观者的典型想法。每次事情不顺利，都归因为自己无法改变的事情。

泰拉的悲观并非只是对她的生活没有什么影响的怪异行为或是表面症状。**一般来讲，悲观的想法通过自我实现的预言及有偏见的认可塑造着经验。**

有偏见的认知使人们只看到与他们对自己及世界看法相符合的证据，而将反驳的证据弃置一旁。有偏见的认知更加强了悲观的看法。

ABC 模式的练习

学习乐观的第一个步骤，就是要了解 ABC 之间的关联。以下部分有 6 种假设情况，包括不好的事与它们的后果。你要找出会导致所描述的后果的想法。正确的答案不止一个。要判断与你相符的这个想法是否正确，就得问问你自己。如果你坚定地持有这种想法，你是否会以这种特定化的后果来感受与行动。这6个例子以及接下来的练习都是为成人而写的。等到你做完成人的ABC练习，就可以用接下来的儿童ABC练习来教你的孩子。

1. A 你暗中为先生计划一个周末假期以庆祝他的生日。星期五下午到他的办公室去接他的时候，他很烦躁并且告诉你他绝对不会去。
   B 你想______________________________。
   C 你觉得被拒绝十分窘，所以尽量回避他。
2. A 你暗中为先生计划一个周末假期以庆祝他的生日，星期五下午到他的办公室去接他的时候，他很烦躁并且告诉你他绝对不会去。
   B 你想______________________________。
   C 你觉得很失望，决定自己去城里吃一顿豪华午餐，然后去看电影。
3. A 你的另一半最近对你疏远、冷淡又不关心。
   B 你想______________________________。
   C 你越来越容易对他发怒，并且找他吵架。
4. A 你的另一半最近对你疏远、冷淡又不关心。
   B 你想______________________________。
   C 你变得忧愁又退缩。
5. A 你在购物中心看到你正值青少年的儿子和他的朋友，他假装没有看到你。
   B 你想______________________________。
   C 你暗暗地偷笑，打算等一下去开他的玩笑。
6. A 你在购物中心看到你正值青少年的儿子和他的朋友，他假装没有看到你。
   B 你想______________________________。
   C 你十分气愤地冲到他和他的朋友面前，告诉他不能没礼貌不跟你打招呼。

现在，让我们来看看这些情况，以及何种想法会导致这些后果。

在第一个和第二个例子中，个性的、永久的和普遍性的想法，例如“我总是做不好事情”、“他上班很忙，而我好像觉得他该为了我把任何事都放下似的”。这种想法会导致受窘和退缩。如果你相信“度假的主意很好”或是“这个星期他一定很忙”两者皆为暂时的、特定的及外部的解释，那么也许你会觉得失望或受挫，但是你不会把自己看扁。

在第三个和第四个例子中，被人忽略的感受使你生气易怒，“他没有权利因为他的心情坏而如此对待我”或是“他真是幼稚，只要有一点事情不合意，他就生气”。相反，如果你将他的疏远、冷淡视为对你不感兴趣的信号，结果就会是悲伤。

在第五个和第六个例子中，外部的、特定的和暂时的解释，例如“看来我的儿子现在已经是成人了”会使你保持幽默感。相反，如果你将他的行为视为轻率或不尊敬的话，那么你就会感到气愤。

现在我要你练习捕捉自己的信念。最好的办法就是写 ABC 日记。接下来的三天，无论如何，只要你察觉自己对某一情形的反应感到困扰或是惊讶，就请将不好的事件写在一张纸上。到了晚上，花 5 分钟时间将白天所发生的不好的事，填写在 ABC 日记里。“不好的事”可以是任何事，比如车子不能发动、没有回复的电话、孩子不肯睡午觉等。

ABC 日记分为三栏：第一栏中不好的事描述了相关情形，必须尽量描述详尽，记下人物、时间、事件以及地点。不要将原因写在不好的事中。当你的同事迟到 10 分钟时，记下“黛娜和我约好星期天下午 4 点来做报告，她 4 点 10 分才到”，不要记“黛娜又迟到了，她老是这样，一点也不负责。我最讨厌与她一起做事，我十分气愤”。“不好的事”这一栏的目的是要详细描述而不是进行评估。

第二栏是想法。在这一栏里，请记下你对不好的事的解释。请区别想法与感受：将想法记在想法这一栏，感受记在后果那一栏。“他认为我很幼稚”和“事情总是不会成功”是想法。你可以将想法与证据相比来评估其正确性，例如：“我对那件事觉得很内疚”是一种感受，与想法不同的是，感受没有对错，也不能验证其正确性。当你记载想法时，请记下对解释的信任程度。利用 0~100 分，以 0 分表示对看法一点也不信，而 100 分表示完全相信。如果你对黛娜迟到的解释之一是“她从来就不遵守诺言”，而你十分相信这是真实的，那么就给它一个 80 或 90 的高分。

第三栏是后果。在这一栏里，请记下不好的事之后的感受，或是对不好的事所做的任何反应以及所经历的每一种感受。利用 0~100 分对所记录的每一种感受的强烈度评分。分数越高表示感受越强烈。

我的 ABC 日记

	不好的事	想法	后果
1.	____________	____________	____________
	____________	____________	____________
2.	____________	____________	____________
	____________	____________	____________
3.	____________	____________	____________
	____________	____________	____________
4.	____________	____________	____________
	____________	____________	____________
5.	____________	____________	____________
	____________	____________	____________

在“不好的事”一栏中仅记载人物、事件、时间及地点，要详细且非

评论的。在“想法”一栏记载你对不好的事的每一种想法，根据你对每一种想法的确定性给予 0~100 的评估分数。在后果一栏，记下你所经历的每一种感受以及你的反应，并根据每一项感受的强烈度从 0~100 中选择一个分数来对其进行评估。

你填写完每一栏之后，请再检查一遍，确定每一种感受和行为能与你对自己的行为反应所持有的想法相关联。你也许对自己的反应不满意，但是改变反应的第一步，就是要了解导致这些反应的原因。当我自己填写 ABC 情境时，我时常注意到有一两种感受或行为与我写下的想法不相符，所以我会花一两分钟来回想，当我经历每种感受时我在想什么。我闭上眼睛，在脑子里想象当时的情形和感受，然后通常我就可以指出触发这些情绪的特定信念。

在指认出 ABC 之后，你若是仍然对行动的强烈性或种类感到困扰，这就表示你没有完全认清关于这个情况的所有想法。如果每一次你都可以找出解释你的感受和行为的合理想法，那么你的这项练习就成功了。以下是一件指导案例。

不好的事：我的未婚妻黛比与我打算一起度过一个安静的夜晚，因为我们两个最近都很忙。大约晚上 7 点 30 分，她打电话来问我是否在意她邀请萝瑞一起来。

想　　法：我就知道。总是我在维持我们的关系(80)。就她来看，只要我们一个月见一次面，她就够高兴了 (85)。我想我们是不会结婚的，我只是和自己开玩笑罢了 (70)。

后　　果：首先，我觉得对黛比十分生气，几乎想摔电话 (90)。其次，我想我同时也觉得很伤心 (90)。我告诉她我不太舒服，她应该和萝瑞在一起，明天我再去找她，我后来整晚在家都觉得很生气。

教你的孩子 ABC

现在我告诉你在宾夕法尼亚预防计划中，我们是如何教孩子 ABC 模式的。你可以用同样的方法来教你的孩子。这些练习最适合 8~12 岁的儿童。但是只要将语句修改得较成熟，就可以用它们来教 15 岁以下的孩子。首先让我来告诉你们如何建立适当的氛围。孩子必须要对这项练习感兴趣，因此要将这项计划设计成互动式、富创意及有趣的。你必须建立使孩子觉得安全、受支持、可以笑或是可以开玩笑的氛围。对于这项活动该花多少时间，可以灵活处理。如果孩子觉得这像是在做功课，或像是收拾房间、整理衣柜一样，就不会心甘情愿地去做。

起初，可以先花 15 分钟练习（年长的孩子则需调整为较长的时间），慢慢地增加到 30 分钟左右。你要创造一个好奇的氛围，帮助他们对自身的感受与思维感到好奇。告诉他们你对自己也很好奇。在一天中，当你感到自己有股强烈的情绪，且你的孩子就在身边时，就可以大声地做 ABC 练习。这并不是说要以正式的方法来进行。我建议你不要以正式方法来做，你不要让孩子起疑心，认为“我的妈妈很奇怪”。只要说出你的信念和它所产生的感受，例如你开车送孩子上学，另一辆车挡在你的车的前面，将你的想法与感受之间的关系说出来。“我不知道为什么那辆车开得慢我就觉得这么生气，我想大概是我对自己说‘我要迟到了，都是因为前面的这个家伙开得这么慢。他如果要开这么慢，就不该在上下班塞车的时候开，多么没有礼貌啊’。”

向孩子介绍内在对话

首先以解释内在对话概念的形式向孩子介绍 ABC 模式。当坏事件发生时，有的孩子知道要对自己说什么话，有的则不知道，你可以用下面的方法。

当问题发生时，例如你与朋友打架，或是在家受罚，我们都会对自己说刚才发生的这些事情。我们只是在脑子里面想这些事，既然在我们的脑海里，就没有别人会听到。每一个人，无论是小孩还是大人，都是这样做的，这是绝对正常的。很多时候，在问题发生时，我们甚至没有注意到自己在想什么。好像脑子里有声音，会自动打开一样。假如是别人做错的事，老师却来责怪你，你可能对自己说："她为什么找我的麻烦？她总是拿别人做错的事来怪我。她一定很讨厌我。"刚才,我一下子找不到这本书，我就对自己说："真是的，我正要和你一起做ABC的练习，我就把书弄丢了。现在我怎么能记得所有的资料呢？"

最重要的一点就是要认识到"对自己讲话"是完全正常的，并且是每一个人都有的行为。接下来与孩子讲一两个例子。以下的例子供你参考。

山姆从理发店回家后，照镜子。他对自己说："老天啊！我真不敢相信我剪了这样的一个头。他简直是在削头，我几乎要变成光头了。我这样子怎么去上学呢？所有的小朋友都会笑我的。我的头发得好几个月才会再长得好看。我看起来真像个怪人。"

上体育课时，苏珊坐在板凳上，对自己说："我真不相信茱莉没有选我参加她的球队。我是队长时，我总是第一个挑选她。她挑了田咪，而田咪还不是她最好的朋友呢！我才是她最好的朋友啊！她一定是不再喜欢我了。"

等到孩子了解他自己也有内在对话的时候，问他是否可以想起一件最近发生的不顺利的事件，再问他当时对自己所说的话。这是在帮助孩子注意对自己所说的话，这样，你们才可以一起来评估这些对话的正确性。如果孩子想不起他在生活中的内在对话的例子，你可以用下面几种可能会发生的情形或是情况来帮他们进行思考。让他假设每一种情况都发生在他的身上，并且请他将可能对自己所说的话大声说出来。

1. 你在上学的途中，注意到有一群小孩，对你指指点点。你心里想：________________。
2. 老师在课上叫到你。你发觉由于自己在做白日梦，一点也不知道老师问了什么。你心里想：________________。
3. 你计划和你要好的朋友去看一场你特别想看的电影。在他来你家前的半小时，他打电话告诉你他不能去看电影了，因为他要去另外一个朋友家玩电动玩具。你心里想：________________。
4. 你哥哥请了一群朋友来玩。不管你做什么，他们都取笑你。你心里想：________________。

向孩子介绍 ABC 模式

当孩子找到自己的内在对话后，就该介绍 ABC 模式给他了。重点是，他的感受并非无中生有，也不是由发生在他身上的事（A）所决定的，而是事后对自己说的话使他有了某种心情。他如果突然觉得生气、悲哀或是害怕，是因为某种想法（B）触发了感受（C），一旦他能够找出那个想法（B），他就可以改变自己的感受（C）。

我们可以利用 ABC 漫画来解释想法与感受之间的联系。

每一幅漫画都有三格。第一格是一项纯粹的坏事，例如老师对一个孩子叫骂，或是男孩发出约会邀请，但是遭到拒绝。在第三格中，表现出某种感受。漫画里的人物感到生气、悲伤或无所谓。将感受写在图画中。与你的孩子来看每一幅漫画，要他形容发生在第一格的事件和为什么最后一格的人物会有某种感受；然后要他注意中间的一格。在中间那一格，人物的头顶上画了个对话框，**告诉孩子当不好的事情发生时，中间那格是最重要的一步**。向他解释对自己讲的话会决定自己的感受。

解释第一幅漫画之后，给他其余的漫画，填写对话框，使第一格与第三格联系起来。因为漫画是图片，这项技能特别能帮助年幼的孩子想象出想法与感受的相关性，并且它不需要用不好的事、想法或后果这类字眼。如果你的孩子已经十几岁了，你可直接应用 ABC 模式的用语，但务必将每一个词句解释清楚。

今晚你要不要和我一起去看电影?
不了，谢谢!
难过

不要浪费你的时间，小矮子。
难过

ABC：连接想法和感受

让孩子将相关的想法与感受用线连起来，你可以这样跟孩子说："如果你与好朋友吵架，你可能有几种不同的想法，每一种想法都会使你产生不同的感受。你可以假设你们真的吵架了，也的确有这些想法，然后你将每一种想法与这种想法会带给你的感受用线连起来。"

1. 你与好朋友吵架。

想法：	**感受：**
我现在没有任何朋友了。	生气
我的朋友故意对我很凶。	没事
我们很快就会和好，又再做好朋友了。	悲哀

2. 你的拼写测验成绩很差。

想法：	**感受：**
我回家一定完蛋了。	无所谓
我最近贪玩没有好好用功。	害怕
下次考试时，我会更努力，考得更好。	内疚

3. 你的哥哥可以看电影晚睡而你不能。

想法：	**感受：**
他们从不允许我玩。	生气
他们比较爱他。	无所谓
他们带我去游乐场玩而没有带他。	悲哀

ABC 口头训练

等到孩子了解漫画中的意思，做完匹配练习，知道直接造成感受的是想法而非不好的事之后，再与他一起做以下的口头训练，做完每一个例子之后，要他以自己的话向你解释。请注意听，看他是否描述了想法与感受之间的关联。他解释完后，再问他每一个例子后面的问题。

不好的事：今天是我的生日。我请了班上很多小朋友来玩。吃完蛋糕后，有一些朋友就开始窃窃私语，并且不肯告诉我他们在讲些什么。

想　　法：他们这些笨蛋。这是我的生日，他们还在小声说我坏话，我真希望没有请他们来。

后　　果：我对他们十分生气，并且问妈妈我可不可以叫他们回家。

问你的孩子为什么这个男孩会觉得生气。他为什么要叫小朋友回家？如果他认为小朋友说悄悄话是因为他们有件惊喜的礼物要送给他，你觉得男孩会如何反应呢？他会让他的妈妈把小朋友赶回家吗？

不好的事：我最喜欢的老师，欧拉利太太请假去生小孩了，我不喜欢我们的新老师瓦兹先生，昨天他叫我到前面去解一道分数题，我做错了。他就当着全班同学的面说，我需要多花时间念书，少花时间做白日梦。

想　　法：瓦兹先生不喜欢我，他会一直找我麻烦，现在每一个人都认为我是个失败者。

后　　果：我真觉得很愚蠢，我只想站起来离开教室再也不回来，我的脸都红了。

为什么这个男孩要离开教室再也不回来呢？为什么他会脸红呢？是不是因为他做错了那道分数题，所以才要离开教室呢？为什么他觉得自己很笨？假如他相信班上其他孩子都觉得瓦兹先生当着大家的面骂他是很无理的，你想他会如何反应呢？

实际生活中的 ABC

在你们开始练习以前，先花几分钟时间复习一下不好的事、想法与后果之间的关联，并举一两个例子。然后让孩子举一个自己实际生活中的例子，它可以发生在任何时候，只要他觉得悲哀、生气、羞愧、害怕或做出自己不喜欢的行为时，即使这些感受或行为持续时间很短也可以。然后帮助孩子指出他的想法以及后果。利用空白的漫画让孩子先口述发生的事情和他的感受与行为。然后一起将它画在空白漫画中，并将想法写在漫画内。

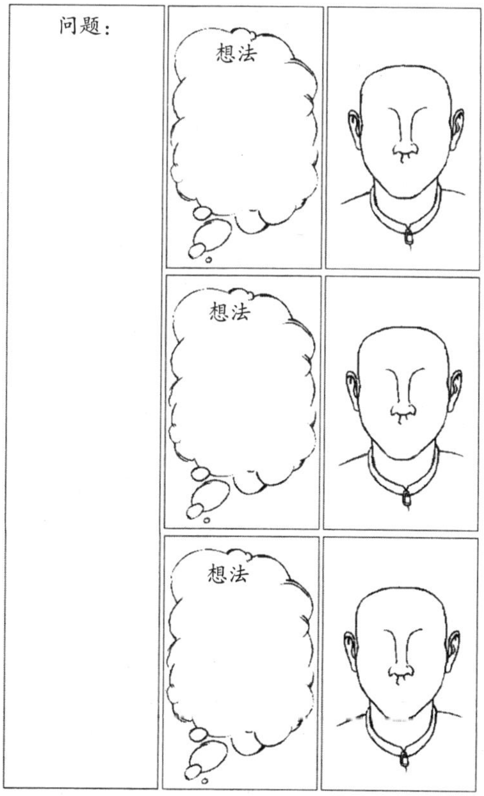

一旦孩子不需要你太多的帮助便可以自己完成实际生活中的ABC排序时，你就可以通过下一章的学习来试着改变孩子的解释风格了。

第 10 章

让孩子学会解释

习得性乐观不是从未经证实的积极想法中而来，而是从“非负面”思维的力量中而来。容易抑郁的孩子总是把注意力集中于自身或其他问题的最坏可能上。这样的孩子可以学着想想其他可能导致问题的因素，然后专心寻求可控部分的问题解决方法。

A Proven Program to Safeguard
Children Against
Depression and Build Lifelong
Resilience

一旦孩子看出了他的想法与感受之间的关联，你就能将注意力集中在他思维中最重要的部分：他的解释风格。在尚未教他这些技能之前，如果他尚未做过儿童归因风格问卷，则先让他完成这份问卷，这份问卷会告诉你孩子乐观或悲观的程度。如果孩子的分数，不论是 G－B 或是总分，均低于 50%，那么这个孩子必须要学习本章的方法。如果孩子的分数已在乐观范围之内，你会发现这些方法仍对他有用，因为这是他在学校里学不到的，并且当他面对青春期的挑战与挫折时也可以用到。

开始教孩子之前，请先练习成人部分。孩子的悲观，有一部分是来自他所接触及尊敬的成人，如父母、老师。**孩子就像海绵，他们不但吸收你所讲的话，也吸收你讲话的方式。**所以，帮助孩子的方法之一就是你自己先获得拒绝悲观的技能。

你的解释风格是什么

你应该还记得解释风格的三个重要维度：永久性、普遍性和个人化。**悲观的人相信挫折是不可改变的，**并且会影响到他生活中的许多层面。他相信，造成挫折的唯一原因是自己，不是环境，不是机缘，也不是他人。

最悲观的人认为自己有个性上的缺陷，他们一生都处于错过时机、人际关系失败、平庸与损失的境况中。甚至当他们意识到问题并非出自本身的时候，他们仍然将环境视为无法改变的，所以不设法去改变它。

了解想法与感受之间的密切关系之后，你就已经开始学习将悲观变为乐观的技能了。现在你可以开始准备提高发现及改变解释风格的能力。下面是一些事件与解释。请将每个例子的解释，依照三项解释风格写下来。请注意：每一项解释，不是永久的就是暂时的；不是普遍的就是特定的；不是个人的就是非个人的。做完每个例子后，请判定解释是较永久的还是较短暂的，较普遍的还是较特定的，较个人的还是非个人的。这不是件简单的事，所以多花些时间慢慢做，以下是对这些名词的简单定义。

- **永久性：**事情的起因会继续下去；
- **暂时性：**起因是可改变的或是过渡性的；
- **普遍的：**起因会影响许多情况；
- **特定的：**起因只会影响特定情况；
- **个人的：**起因就是我；
- **非个人的：**起因是其他人或是其他情况。

事件 1：我先生和我商量好由他去机场接我母亲，因为那天晚上我得加班。在飞机到达的两个小时前，他打电话到我的办公室，告诉我他走不开，要我替他去。

解释：他老是做这种事。我什么事都无法信任他。

A. 此解释是永久的还是短暂的？

B. 此解释是普遍的还是特定的？

C. 此解释是个人的还是非个人的？

事件 2：我的儿子 6 个月来一直在吸毒，这是学校的辅导员告诉我的。

解释：我一直都在忙我的新计划，没有花时间陪乔伊。他这样做一定是因为最近我很疏忽他。

A. 此解释是永久的还是短暂的？

B. 此解释是普遍的还是特定的？

C. 此解释是个人的还是非个人的？

事件3：我的女朋友昨晚打电话来说她要和我保持一点距离。

解释：她又来了。她大概又陷入某种情绪了。过一个星期就会没事儿的，每一次都是这样的。

A. 此解释是永久的还是短暂的？

B. 此解释是普遍的还是特定的？

C. 此解释是个人的还是非个人的（从男性观点来看）？

在第一个例子中，解释是相当永久性的：总是做这样的事；也是普遍的：如果不能信任他做任何事，那么他的不可信任将会影响许多情况。这是丈夫的错，不是妻子的，所以是非个人的。

在第二个例子中，解释是暂时性的：她在忙新计划，但是并不表示情况永远不会改变；这也是普遍性的：忙于工作会影响到一个人所遇到的许多情况，就好像它已经影响到与儿子的关系及自己的工作与生活；同时这也是个人的，她认为儿子吸毒问题是由自己的疏忽引起的。

在最后一个例子中，解释是暂时性的（情绪波动）、普遍性的（情绪影响许多情况），也是非个人的（是她的情绪，而不是他的）。

现在从你的生活中选择两个ABC的例子，依照解释风格写下想法。在每个例子中，如果你指认出了一个悲观的想法，看看你是否能同时指出一个较乐观的想法。

事件1：____。

解释：
永久性____暂时性
普遍性____特定性
个人的____非个人的

事件2：____。

解释：
永久性____暂时性
普遍性____特定性
个人的____非个人的

教孩子解释风格

乐观

首先介绍乐观与悲观的概念。让孩子以自己的方式对这些名词下定义，并且要他详细地形容乐观者与悲观者的特征。乐观者与悲观者的外貌、想法和行为是什么样的？一个七年级的学生是这样形容悲观者的：“抑郁，他们看起来抑郁，他们的想法抑郁，他们的行为也抑郁，和他们在一起没有什么乐趣。”就好像每个人在穿着上都有特定风格一样，他们看待事情也有特定风格，但是如果有人倾向于看到阴暗面而使自己难过，那么他应该学着去看事情的光明面。

现在与孩子一同读下面的故事，忧愁的格雷格和充满希望的霍莉各代表悲观与乐观。读完这两段故事后，再来讨论格雷格与霍莉之间的不同。

忧愁的格雷格

杰　夫：嘿！格雷格。你有没有看到贴在走廊上的海报？下星期就要开始组建篮球队了。

格雷格：真的吗？我反正不在乎。

杰　夫：我可在乎。我想我们应该去试试。如果能进校队会很酷的，还可得到队服什么的，你觉得怎样？

格雷格：什么怎么样？

杰　夫：你觉得我们够高吗？

格雷格：才不呢！我们大概是六年级中最矮的了，多数人至少是我们的两倍高！

杰　夫：可是，我们总有长高的机会，不是吗？

格雷格：不可能的，我们长高了，其他的人也会长高的，所以我们还是最矮的，就算我们够高，我也从来不曾被任何球队挑中过。

杰　夫：对哦！不过我们这个星期去练练看，也许会有帮助的。我家后院就有个篮球架呢！

格雷格：别做梦了。只会浪费时间罢了。要练好多年才会对我们有用。到那个时候，说不定我们也不会被选上。放弃吧！

杰　夫：噢，也许你是对的。也许我们应该等到春天时去打棒球。

格雷格：你开什么玩笑？我们没有任何机会的。棒球比篮球还难，而且多半打篮球的也打棒球。到了春天时，他们的体能会比现在还好呢！

充满希望的霍莉

珍妮：嘿！霍莉，你有没有看到贴在走廊上的海报？下星期就要开始组建篮球队了。

霍莉：好极了！你要不要去试一试？

珍妮：好呀！我想如果能进校队会很酷的。还可以得到队服什么的。你觉得怎样？

霍莉：什么怎么样？

珍妮：你觉得我们够格吗？

霍莉：我想是的。有些女孩个子相当高，可是也许我们动作比较快。

珍妮：我们可以在我家练习运球和投篮。

霍莉：好呀！也许今年我们会突然长高，变成队里最高的。还记得那年夏天丹妮亚长高了7.6厘米吗？希望也能发生在我们身上。

珍妮：对。我们这星期去练习也许会有帮助，我家后院就有个篮球架。

霍莉：好主意，我哥哥是高中校队成员，也许我可以请他来给我们做一些指导。放学后，我在你的储物柜旁等你，好吗？

和孩子读完故事后，问问他注意到了忧愁的格雷格与充满希望的霍莉的哪些方面。请特别强调格雷格总是看到情况的消极面，而霍莉则看到积极面。问问孩子假如他是格雷格或是霍莉，将会如何反应？并且讨论愿意与哪个孩子做朋友。请坦白地告诉孩子你曾经感到悲观的事情，向他解释你的悲观对你的心情和毅力的影响。然后让孩子说出一件他感到悲观的事情，并且比较悲观的结果与乐观的结果。

信念的正确性

一旦孩子了解了乐观与悲观之间的不同，你们就可以讨论正确性了。

正确性涉及两个方面：**第一是个人的责任**。有些家长，当他们一听到我要教孩子们如何更乐观，来帮助孩子们判断生活中不顺利的事情是否是家长的责任时，就认为我是在教孩子逃避责任。这些家长会说："我不要我的孩子在事情不顺时到处责怪别人。”这点我同意。如果认为教孩子说“这不是我的错，我没有做这件事”就可以帮助他们过上更成功的日子，那就太单纯了，这同时也是错误的。**教孩子们看出每个问题都有它自身的原因，对由自己导致的问题应自己负责，对于自己无法控制的事情，则不用责怪自己，**这才会对他们有帮助。

第二是“空洞乐观”。有些家长听到我们要到学校里教他们的孩子，就说：“我不要我的孩子满世界说‘每一件事都好极了’‘这个世界好极了’‘我好极了’等，这对他一点好处也没有。事情不会总是好极了，这是他必须学到的。”这些家长是对的，只是一再重复愉快的看法不会使你达到或是超过你的潜能，因此，许多所谓的“积极思维”的确是没有根据的。

空洞的积极思维通常是指在没有证据、甚至面对相反证据时，仍然企图相信愉快的说法，例如：“每一天、每一方面，我都会越来越好。”许多受过教育的人，学会对事情持质疑的人，都无法接受这种吹嘘，他们的子女也不能学会这种吹嘘。对此，我也同意。**与吹嘘相反，习得性乐观，是关于正确性的。**

我们发现，仅是对自己重复积极说法，不会提高情绪或是成就感，或者效果有限，我们应该教孩子正确地思考实际问题。悲观具有非常特殊的影响：相信他们所做的事不重要、相信他们的问题是永久且无法改变的孩子，不会去寻找解决问题的方法。通常这类消极想法都是不正确的。许多孩子将事情灾难化，并且看到最坏的可能，也就是说他们从所有可能的起因中，选择了最可怕的一种。让孩子寻找出能证明灾难被歪曲解释的证据，就是反驳的最佳技能，之后他们才可以看到事实。习得性乐观不是从对世界持有未经证实的积极想法中而来，而是从“非消极”思维的力量中来。

容易抑郁的孩子，注意力集中于问题的最坏可能上。他们将无法控制的事情怪在自己身上，他们逐渐倾向于最消极的解释。要他们考虑稍微乐观和更为正确的选择都是很困难的。像这样的孩子，可以学着想想其他可能导致问题产生的因素，然后专心寻求自己可控制部分的问题解决方法。

永 久 性

孩子了解了普遍性的乐观与悲观，以及对不顺利的事情做出正确解释的重要性后，你就可以教他注意自己的解释风格。首先要介绍最重要的永久性特点，这是应对失败后复原力的一个最重要维度。告诉孩子当坏事件发生时，我们一定会向自己解释发生的原因以及预测影响的程度。有时，我们可能认为这个问题会永久持续，而且我们无法使它变好。这类“永久性”的想法会使我们难过，并且未经尝试就会被放弃。相反，如果我们相信这一状况只是短暂的且可改变的，我们就会觉得很有信心，并且会尽力去寻找改变的方法。

这就是解释风格中最重要的层面。你必须花足够的时间与孩子一起练习，直到他完全学会为止。以下有三种练习的方法：利用忧愁的格雷格与充满希望的霍莉的短文、利用漫画、利用真实生活中的例子。因为永久性对乐观十分重要，所以你应该将这三种方法都教给孩子。

忧愁的格雷格与充满希望的霍莉

大声朗读《忧愁的格雷格》一文，然后让孩子告诉你，格雷格的想法中有哪些是永久性的，哪些是暂时性的。然后读《充满希望的霍莉》一文，让孩子比较格雷格与霍莉的想法。将想法与后果联系起来，使孩子了解悲观与乐观会如何改变他们的感受及行为。

忧愁的格雷格

格雷格：嗨！辛蒂，要不要跳舞？

辛　蒂：不要。谢谢你！我累了。

格雷格（对自己想）：我真是个失败者。我为什么要去请她跳舞呢？在这种舞会中，我从来就没有开心过。我应该知道她会拒绝我的。她很受欢迎而我只是个书呆子，永远没有人会要和我跳舞的。我总是被排挤，我永远都不会变酷的。真不知道我为什么还要来参加舞会，这种舞会总是很无聊（格雷格坐在板凳上，看起来十分难过）。

以下是要强调的重点：当格雷格想“我真是个失败者”、“永远没有人会和我跳舞”以及“舞会总是很无聊”时，他是以永久性的想法来解释被辛蒂拒绝的事件。这使格雷格难过并且使他决定放弃，而不再去请其他人跳舞。既然他整晚都坐在板凳上，他当然会觉得无聊。请清楚地告诉孩子，当有人真正相信没有任何事情会转好时，那么放弃、不再尝试自然有理，但问题是，我们时常是可以采取行动来改善事情的进展的。如果你的想法使你放弃，那么你就很难使自己的情况改善了。

充满希望的霍莉

霍　莉：你要不要跳舞？

乔　伊：谢谢你，我不想跳。

霍　莉（对自己想）：啊！这真让我感到难为情，我最不喜欢这种情景，我想乔伊大概今晚不想跳舞。我再试试问其他人吧！（对山姆说）山姆，跳支舞如何？

山　姆：霍莉，谢谢你，我不想跳。

霍　莉（对自己想）：哎呀，又一个不想跳，真是出师不利，也许我不够友善。好吧！我再试一试，这次我要十分友善并且给予微笑。(微笑着对佛利德说)嗨！玩得好不好？

佛利德：不错啊，真不相信这就是平常又旧又差的体育馆，布置得真酷。

霍　莉：是呀！我听说罗金拉先生花了整个星期才布置成这个样子的，我很喜欢你的衬衫，是新的吗？

佛利德：这件啊，谢谢你夸奖，我这个周末才买的，我去购物中心那家新开的店买的。

霍　莉：我听过那家，但是还没有去过，我很喜欢这首歌，你要不要跳支舞？

佛利德：啊，好哇。

霍莉对她难找舞伴的看法与格雷格的不同。她认为"乔伊大概今晚不想跳舞"或者"我不够友善"。这些是对情境的短暂且可改变的想法。乔伊可能不想跳舞，但是并不是说所有男孩都不想跳舞。如果霍莉相信自己在第二次时不够友善，那么在第三次她会更友善，与格雷格不同，霍莉不停地尝试。问问孩子是什么使霍莉继续找舞伴而使格雷格放弃。如果他归因于"事实"，例如"我猜想霍莉比较受欢迎"或是"格雷格一定长得难看"，请再与孩子一起复习ABC的关联。不要小看"事实"，事实当然是要紧的，但是帮孩子了解一个人如何解释事实也同样重要，甚至更为重要。

利用漫画

孩子做完短文练习后，利用下面的漫画练习来找出暂时的与永久的看法。

在第一幅漫画第一列中，一个男孩子正被其他孩子欺负，他们喊："我们说了，滚开吧！胆小鬼！"

在第二列内，一个对话框是永久性看法，另一个是暂时性看法。永久性看法中有一句是“他们总是欺负我”。要孩子再举一个永久性看法的例子，来解释男孩一直被排斥在外的原因（例如“我从来就没有朋友”“没有人喜欢我”“我向来就与人合不来”等），然后在暂时性看法的对话框内，要孩子想出两个关于此情境的暂时性看法。暂时性看法包括“他们今天对我很凶”“他们生我的气”“我最近行为很恶劣”等。

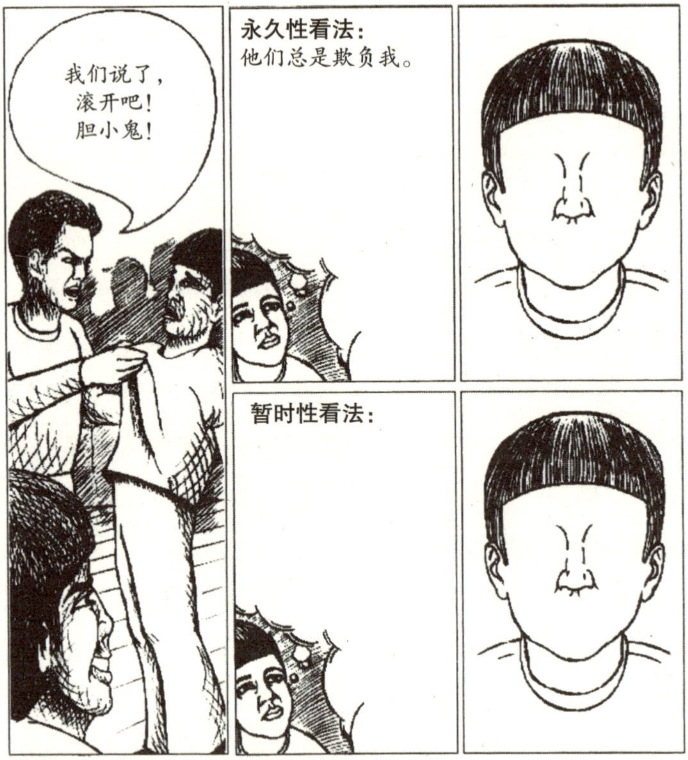

利用真实生活中的 ABC

现在你要用以下的 ABC 表格来分析孩子生活中的例子。首先，要他写下一项最近发生的不好的事。**注意！他只要写出人物、事件、时间与地**

点，再问他当时的想法。如果是永久性的想法，请写在永久性想法一栏；如果是暂时性想法，请写在暂时性想法一栏。接下来要孩子写下想法所带来的后果。然后用同样的事件，要他想出相反想法的例子（如果他的想法是永久性的，则要他想出暂时性的想法），写在纸上，并且讨论这个想法会带来何种结果。

请注意结果是否跟随孩子的想法而来，假如他写下“我永远都会是没有人要的”作为永久性想法，但是他又说他会觉得无所谓，你须停下来问他：“假如你百分之百地相信你永远会被别人遗弃，你一生中永远不会有朋友，你真的仍然觉得没有关系吗？实际上生活中是有这种想法的孩子，他们会感到抑郁和绝望。”在继续进行下面的练习之前，至少要举三个孩子生活中的例子。

1. 不好的事：____________________。
永久性想法：____________________。
后果：____________________。
暂时性想法：____________________。
后果：____________________。
2. 不好的事：____________________。
永久性想法：____________________。
后果：____________________。
暂时性想法：____________________。
后果：____________________。
3. 不好的事：____________________。
永久性想法：____________________。
后果：____________________。
暂时性想法：____________________。
后果：____________________。

个 人 化

每当事情不顺时，具有抑郁风险的孩子总是责怪自己。虽然多半问题都是由复杂因素造成的，但是这些孩子时常只想到黑白两面，并承担所有的责任。他们被内疚笼罩着，也觉得自己没有价值，这又引起他们在朋友与家人面前的退缩。这样往复循环也更增加他们患抑郁症的风险。

本节将发展一套复杂的方法来帮助孩子了解他该承担多少责任。**第一步是要教他指认出自己责怪的风格。**当问题发生时，他是否总是假设是自己的错。他是否总是说“这是我的错”。请注意当问题发生在家人或是他的朋友身上时，他是如何划分责任的。**第二步是观察孩子将问题归因于自己的是行为还是个性？**行为是可改变的，个性则不可以。在下面的例子中，杰里米是个七年级的学生，看自己是如何描述与哥哥之间的问题的。

瑞奇和我经常吵架。好像从16岁开始，他就不和我一起做任何事情了。他朋友在旁边时就变得更糟，好像我不存在似的。到我们单独在一起的时候他会跟我说话，尽管大部分时间都是在说我顽皮什么的。

我和瑞奇常常吵架，我想知道他为什么这么凶。妈妈说是因为“青春期”，要好一段时间之后，他才会像以前一样。我懂她的意思，因为我的朋友罗伦也有个哥哥，我见过他有点小事都找罗伦的麻烦，比如接电话没讲好或是没有将唱片放回原来的位置之类的。

但是有时，我想我也有错。像那天我问他可不可以穿他的铁人队夹克，他说好。我简直不敢相信，因为他长久以来几乎是夹克不离身的。以前我问他我可不可以穿，他只是朝我笑，叫我别做梦了。我穿着夹克到朋友家去，踢足球时，因为玩热了我就把夹克脱下，之后就把夹克放在那里忘记带回来了。当我到家时，他问我夹克呢，我还不出来，他就大发雷霆。我觉得很难过，我想也许我常常做这类事，像是忘记东西或是没有马上把东西还给他。我要努力试着更小心，这样至少会使事情好转一点。

在杰里米寻找冲突来源的过程中，他开始相信是自己的某种特定行为引发了问题。这就是“行为上的自责”。既然行为是可改变的，行为上的自责就可带来修正问题的行为。因为行为上的自责是短暂的，它会防止绝望与无助。与杰里米的解释相反，以下是塔莉亚对无法与母亲融洽相处的解释。

我和妈妈常常争吵，我以前和妈妈、妹妹在一起时都很开心，比如到房子后面的河里划船，有一次我们租了溜冰鞋，妈妈一直假装要摔倒的样子，十分好笑。但现在我们已经不再像以前那样了，上星期六，我们开车到乡下去，住在那里的人是不用电的，好像是叫阿美区什么的。那天真是糟糕透了，刚开始时还好，但是过了一会儿，我就把事情搞砸了。妈妈开车，萨拉和我坐在后座，萨拉小声地和她的娃娃讲话，我就开始捉弄她。妈妈叫我停止，可是我没听，还是小声地跟萨拉讲话，但是讲得很小声，所以妈妈听不见。后来萨拉就开始哭了，妈妈变得很生气，她开始对我大声地说，如果我不停止的话，她会把车子掉过头开回家，我们都待在家里。

我觉得很难过。我总是让妈妈生气。我似乎会把每一件事都搞砸。不管怎样，我总是让妈妈生气，我一定很坏，萨拉就不像我，一个小孩会生来就很坏吗？

塔莉亚像杰里米一样，因冲突而责备自己。但是塔莉亚所想的是她

“一定很坏”。与杰里米不同的是，塔莉亚不仅责怪了自己的一种特定行为——捉弄萨拉可能就是引起妈妈生气的导火线，同时指出了自己的人格特性——“我一定很坏”。个性上的自责比行为上的自责更糟糕，行为是可改变的，但是个性却不可改变。杰里米可以改变引起问题的行为，塔莉亚则无法做到，因为她不但相信自己是引起混乱的原因，也同时相信她无法做任何事来改变情况，她是无望的、无助的。当你与孩子做练习时，**请记住，对坏事件进行不可改变的个人方面的解释（尤其与个性有关），就是重度悲观。**

短文训练法

对年幼的孩子，我们用两个简单的术语。“因为我”的想法代表自责（内在的），而“因为别人或别的事”的想法则代表外部。讨论这些术语时，请不要赋予它们价值，不要说“最好相信是别人或别的事情的想法，而不要相信因为是我的想法”，也不要说“如果你有‘因为我’的想法，那么你就会与忧愁的格雷格一样”。不要鼓励孩子将责任推给别人或环境，也不要告诉孩子最好将自己视为引起问题的唯一原因。两种极端做法都是不正确的，也是不健康的。与孩子一起找出他的思维风格，并对它的结果加以评估，然后你就可以开始评估孩子的思维习惯的正确性。

短文练习

首先，解释个人化，简单地告诉孩子，当事情不顺时，我们可能相信是自己引起，或相信是别人或别的事情造成的。

告诉孩子你要和他做两个练习：读格雷格的短文，再要求孩子将“因为我”的看法圈出。

格雷格丢了球

格雷格的球队输给克里夫顿的球队。那天晚饭时，爸爸问起球赛的事。

爸　爸：妈妈告诉我你们球队输了，我也很难过。

格雷格：是呀！我们被踩扁了，我们原本可以赢的，都是我。

爸　爸：你说什么呀？是怎么一回事？

格雷格：托比把球传给我，我附近根本没有别人，而我把球弄丢了。我应该可以得分的，可是我把球弄丢了，我们本应该赢的。

爸　爸：那太可惜了。不过那该不是输球的唯一原因吧？比分是多少呢？

格雷格：好像是 21:7 吧。如果不是我的话，我们会赢的。每一次接到球我都搞砸。我打球真不行。我永远都打不好球。我要退出球队，也许那时我们就会赢球。

格雷格将输球的整个责任都归在自己身上。看看孩子圈出的“都是我”“我应该可以得分的，可是我把球弄丢了”“我们本应该赢的”“如果不是我的话，我们会赢的”“每一次接到球，我都搞砸”“我打球真不行”“我永远都打不好球”等这些都是“因为我”的看法。问孩子以下的问题：“你觉得格雷格对输球的看法是否正确？如果比赛的比分是 21 ∶ 7，可不可能错误是由队上的一个人所造成的呢？还可能有什么其他输球的原因吗？格雷格有没有想到有什么方法可以改进他的球技呢？为什么没有？”告诉孩子当一个人将坏事件都归罪于自己时，会使他对自己感到失望，并且可能决定放弃。

现在读霍莉的短文，并将霍莉的想法与格雷格的作比较。让孩子将所有因为别人或别的事情的想法画线，并圈出“因为我”的想法。

霍莉丢了球

霍莉的球队输给布里模的球队。那天晚饭时，爸爸问起球赛的事。

爸爸：妈妈告诉我你的球队输了，我也很难过。

霍莉：是呀！我们被踩扁了。我们应该是可以赢的。今天我们打得真菜。

爸爸：你说什么呀？是怎么一回事？

霍莉：有个女孩打了一个高飞球，而我把球弄丢了。我真不敢相信，球明明是在我的手中，可是我把球弄丢了。真是十分不好意思。

爸爸：那太可惜了。不过那该不是输球的唯一原因吧？比分是多少呢？

霍莉：好像是10:4，我们都打得不好。克罗斯教练也不太高兴。雪伦将球丢了一两次；丹娜根本没有上垒，而她平常都会击出全垒打的；金伯莉也掉了一个高飞球；而且对方有一个很高大的女孩，她封杀了好多球，她同时击出了3个全垒打。克罗斯教练说我们在球场上应该更专心一点。

霍莉对她输球的评论比格雷格更公正。她对自己的错误负责任，但是认为其他球员也有责任，她也认识到对方球队成功的原因。看看孩子画线的部分。“我们都打得不好”“雪伦将球丢了一两次”“丹娜根本没有上垒，而她平常都会击出全垒打的”“金伯莉也丢了一个高飞球”“对方有一个很高大的女孩，她封杀了好多球”等，这些例子都是别人的看法。“我把球丢了，真不敢相信，球明明是在我的手中，可是我把球丢了”就是“因为我”的看法。

问孩子以下问题：你觉得谁对事情的看法比较正确？是格雷格还是霍莉？你会比较喜欢和哪个孩子在同一队打球？你觉得霍莉会不会要退出球

队？为什么不会呢？你比较像哪个孩子？告诉你的孩子，要对自己引发的问题负责，但是你不要将不是自己的错也揽在身上。告诉孩子，像霍莉这类的孩子，会说“这部分是我的错，那部分不是我的错”，而对自己感到高兴，并且会努力不再犯同样的过错。像格雷格这类的孩子，会说“这都是我的错”，而对自己感到难过，并且通常会在没有尝试改正问题以前就决定放弃。

如果你觉得孩子对问题没有负起足够的责任，或是孩子时常感到气愤的话，与孩子一起读下面的短文。读完短文后讨论前一段的问题。以生气的亚当作为主角人物，例如，谁对情形的看法最真实？格雷格、亚当，还是霍莉？你想队里谁会比较开心？

生气的亚当

亚当的足球队输给了老虎队。那天晚饭时，爸爸问起比赛的情形。

爸爸：妈妈告诉我你们球队输了。我也很难过。

亚当：是呀！我们被打扁了。我们其实可以赢的，都是山姆的错。

爸爸：你在说什么呀？是怎么一回事？

亚当：山姆实在不能当守门员。他让4个球进网。连扑过去都接不住球。

爸爸：那太可惜了。不过那该不是输球的唯一原因吧！比分是多少？

亚当：5:4。如果不是巴里的话，我们是会赢的。他罚球踢空。真是个只会发抖抽筋的人。我叫他让我来，但是教练说该轮到巴里。早一点我也有一次罚球，可是我没有踢进，都是因为弗兰克一直在告诉我该怎么做，使我无法专心。我的球队是最糟的。

漫画训练

接下来，利用漫画来做这两种看法的练习。除了在对话框内写出是“因为我”和“因为别人或别的事情”以外，这些练习与你用在永久性中的练习相似。

在第一个例子中，这个女孩发现她的朋友刚收到麦克派对的邀请卡，而自己没有收到。“因为我”的想法是：我是个书呆子，没有人喜欢和书呆子在一起。让孩子写下另一个“因为我”的看法，然后将女孩的脸画上表情来显示她的感受。接下来要孩子想出两个“因为别人或别的事情”的看法，将它们写在对话框内，再画脸上的表情以显示这样的想法会使人有何种感受，并让他描述漫画内人物会有何种行为。请注意，结果必须是有逻辑地从想法中而来的。

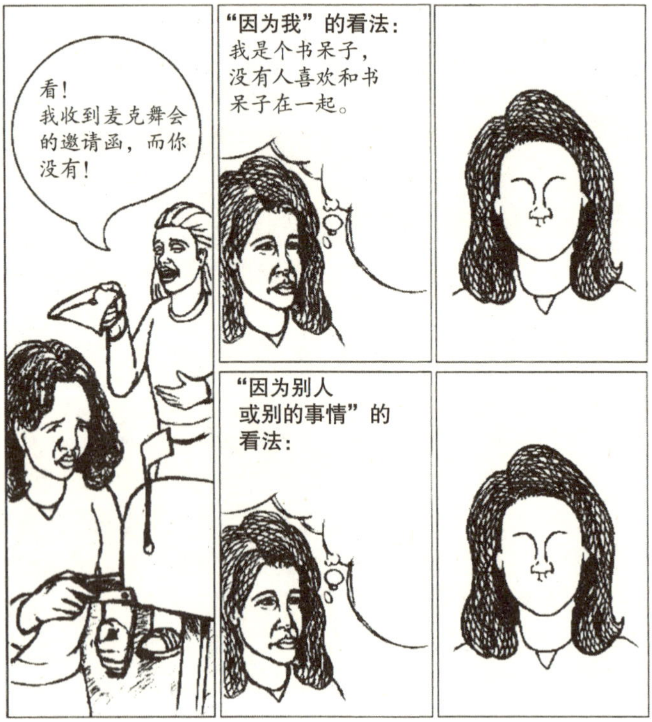

真实生活 ABC 练习

现在孩子已经准备好来利用 ABC 模式了。让他提供一件自己真实生活中的不好的事和那时的第一想法。问他的想法是“因为我”还是“因为别人或别的事情”。让他把事件、想法及想法带来的后果写在空格内。如果起初的看法是“因为我”，就让他想出另外一些“因为别人或别的事情”的看法，并记录下来。然后问他，假如他相信这些看法，而不是“因为我”的看法，他会如何感受及行动。请将结果也写在纸上。如果起初看法是外部的，则从内部看法着手，将情况再讨论一遍。

不好的事：
“因为我”的想法：________________________。
结果：________________________________。
“因为别人或别的事情”的想法：____________。
结果：________________________________。

画大饼游戏

最后一项与孩子做的活动称为画大饼的游戏。**这项游戏对常将问题起因看成黑白两面，不会从多方面来厘清责任的孩子特别有效。**

如图 10–1 所示，孩子所要做的就是将大饼划分成好几块，每一块都代表产生致命问题的一个原因。将原因写在每一小块饼上，和他一起来看第一个例子。

> 梅拉妮是六年级的学生。她被一些朋友给予“不理睬”的待遇。起初她只想到一个原因是“她们不再喜欢我了，她们不想和我做朋友了”。她很难想出其他原因，这或许是因为她觉得没有朋友太令人难过了。

当我们把大饼图给梅拉妮时，她可以将大饼分成 5 块。她在每一块上写下可能的原因。“她们报复我是因为我告诉史考特说泰依霞喜欢他”“泰依霞叫她们都不要理我”“她们生我的气是因为卡洛琳请我去海边而没有请她们”“我叫茱莉‘滑雪坡鼻子’，而她们都替她打抱不平”和“她们很幼稚”。

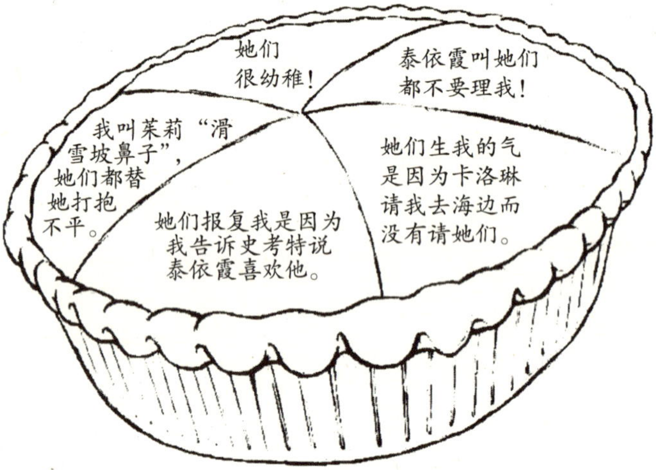

图 10–1　画大饼游戏

起初，你需要帮助孩子考虑可能性，我们对梅拉妮也是一样。先问她一些问题来帮助她思考：**在她们不理你以前，有没有发生什么事？你们有没有吵架？她们是不是常常这样做？**

与孩子一起来看梅拉妮的例子。跟孩子说，起初梅拉妮只想到朋友不理睬她的一种解释，但是后来她再仔细想，就可以想出 5 种原因了。每一种原因都有可能导致她的朋友不理她。这也帮助梅拉妮决定要怎么处理这个问题。

问孩子当梅拉妮相信她们不再和她做朋友时，她大概会有怎样的感受，她会怎么处理呢？然后问孩子在梅拉妮分切大饼图后，她会不会有不同的感受？要孩子了解，一旦梅拉妮想到了许多起因后，她就能更好地解决问题了。她就可以将秘密告诉史考特，向泰依霞道歉，与朋友谈谈和卡洛琳到海边的事，可以去问茱莉是否因她开的玩笑而伤心。

现在从孩子的生活中举两个例子。首先，要孩子形容不好的事，并将它写在空格中，然后要他尽可能多地想原因。有时，孩子认为这种练习的目的是尽可能地将大饼图分成许多块，所以他们想出许多不合理的原因。为避免他们误解，告诉孩子这项活动是要尽量将大饼图分成有道理的块数。每一次，他想到一个可能的原因，就在大饼上切出一块，将原因写在里面。若是常将问题看成都是自己的错或都是别人的错的孩子，你须帮他们想出更多不同的起因，你可以问刚才我们所举例的问题。当他把大饼分好，编上号码之后，请他在图表的下方将每一块标明是永久性或是个人化。如果孩子建议的起因多半是永久性和“因为我”的想法，则请他再仔细想想其他暂时性和“因为别人或别的事情”的想法。

1. 不好的事：________________________________。

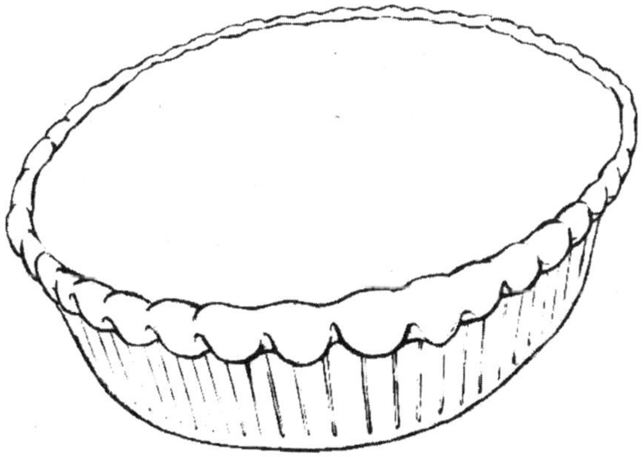

我将大饼分成______块。

第______块

☐ 永久性想法　　☐ 暂时性想法

☐ “因为我”的想法　　☐ “因为别人或别的事情”的想法

第______块

□ 永久性想法　　□ 暂时性想法

□ “因为我”的想法　　□ “因为别人或别的事情”的想法

第______块

□ 永久性想法　　□ 暂时性想法

□ “因为我”的想法　　□ “因为别人或别的事情”的想法

第______块

□ 永久性想法　　□ 暂时性想法

□ “因为我”的想法　　□ “因为别人或别的事情”的想法

2. 不好的事：________________________________。

我将大饼分成__________块。

第______块

□ 永久性想法　　□ 暂时性想法

□ “因为我”的想法　　□ “因为别人或别的事情”的想法

第______块

□ 永久性想法　　□ 暂时性想法

□ “因为我”的想法　　□ “因为别人或别的事情”的想法

第______块

□ 永久性想法　　□ 暂时性想法

□ “因为我”的想法　　□ “因为别人或别的事情”的想法

第______块

□ 永久性想法　　□ 暂时性想法

□ “因为我”的想法　　□ “因为别人或别的事情”的想法

现在，孩子已经了解他对自己说的话会直接改变他的感受和行为。当坏事发生时，他可以捕捉到自己的内心谈话并能预测它的结果，也许他可能仍然需要你的提示（当你接到成绩单时，你对自己说了什么），但是一经提示后，他就可以自己完成 ABC 练习，并区分永久性和暂时性想法以及个人化和非个人化想法。现在他已可以开始考虑自己想法的正确性了。下一章的核心技能就是反驳不正确的想法。

第 11 章

让孩子学会反驳

教孩子反驳的最主要原则就是“正确”：反驳必须根据事实，必须是可证实的。如果孩子的反驳是不清楚的或仅是空洞的积极思维，那么反驳就不会消除他的悲观。如果有这种现象发生，你需要帮助他建立更坚定、更正确的反驳。

A Proven Program to Safeguard Children Against Depression and Build Lifelong Resilience

许多成人与儿童在受到他人指责时，都会自然地努力反驳，而一旦被自己指责，自己反驳自己的能力就很弱。我们知道他人对我们的看法可能存在偏差或是错误，但是我们坚信自己对自身的看法都是不可反驳的。**对不切实际的解释最有效的挑战工具就是自我反驳。**揭示出你的想法的不正确性，并向自己证明你的想法是夸大其词或是根本错误的。然后，不正确的看法就会越来越少地出现。这种认知方法是将自己的想法视为可验证的假设——如果假设被证实是不正确的，就对假设进行修正。一旦你自己熟悉了成人的反驳与化解灾难的模式，就可以将这些方法传授给孩子。

要消除悲观，必须将自己对自身的看法视为可质疑的目标，不要盲目地接受对自己的侮辱。后退一步，再仔细想想。如果是真的，你就需要努力改变自己或是环境带来的不满意部分。你可能发现对自己的看法不是真的，并可能将它灾难化，而将不好的事情以极端永久性及普遍性的方式来解释。如果是这样的话，你必须改变看法。

学会反驳悲观

成功的反驳需要大量练习，以下是一位成人试图反驳自己悲观看法的例子。

依莲娜是宾夕法尼亚预防计划中一个孩子的母亲。我们认识后，她告诉我她想应用我们教孩子的方法教她自己，所以我教她如何用 ABC 模式。以下有一个例子是依莲娜早期刚学到如何反驳自己悲观看法的情形；第二个例子展示了她在练习以后如何应对悲观的情形。

我现在在 ABC 模式中增加两个因素，就是 D 和 E。D（disputation）代表反驳，指反对自己想法（B）的辩论；E（energization）代表激发，就是反驳所带来的精神与行为的结果。特定想法及反驳后的数字（1~100）代表你相信它的程度。特定结果及激发后的数字（1~100）代表感受强度。反驳是否成功，可以从负面感受是否下降中看出。

不好的事： 这几个星期以来，我一直在为一个大客户做一份宣传广告。我知道如果老板喜欢我做的东西，我就会有升迁的机会。我做完交给老板之后，有一阵子都没听到回音。有一天早上，我上班时看到我制作的策划案放在桌面上，里面夹着一张便条，上面只写着“好，需要改进，再加油”。

想　　法： 啊！太好了（说的是反话），升迁泡汤了（100），我拼老命制作的策划，只得到一句“再加油”。我没有办法更加油了（100）。我还不如算了吧！这是我能够做出的最好成绩了。我还是辞职算了（90），我不适合干这行（90）。

后　　果： 我真的很抑郁。我将它描述成一半生气（80），一半抑郁（100）。我有一两个星期都没有再去看那个策划。每一次要开始弄它时，我的胃就像是打了结似的，所以我只好把它放在一旁。可是我也无法专心做其他事，就好像对整个工作都没有劲了。

反　　驳：算了吧，不要气馁了。你会得到升迁的（20），你是最能干的（20），你需要继续努力。

激　　发：我仍然觉得十分难过且抑郁（90）。我的反驳好像完全没有用，也许有这么一两天我可以专心工作，可是这并没有多大作用，我一直想辞职，另谋出路。

依莲娜的反驳尝试很微弱，因为她并不相信自己的反驳，所以她的情绪没有得到改善。她觉得好像这只是给自己一个随便的鼓励，说一句“加油啊，依莲娜，加油”而已。依莲娜反驳失败的原因就和其他许多自我鼓舞失败者的原因相同，因为他们只是空洞的正面思维，完全是吹嘘。**肤浅的口号不能长期改变你的情绪，有效的反驳必须有实质性内容。你必须说服自己，自己的判断是不正确的。**

请将以下依莲娜最近所做的反驳，与她最初的反驳作比较。

不好的事：上星期是泰德和我结婚21周年纪念日。每年我们都轮流计划庆祝活动。今年轮到泰德，他带我去一家饭店，也买了去看舞台剧的票。可是那个周末，我们非但没有好好享受反而大部分时间都在争吵。起先是为女儿咪咪是否可以开始出去约会争吵，然后又为是否用部分退休金在卧室搭个阳台争吵，好像我们要把结婚纪念日花在争吵上似的。

想　　法：我就知道我们很难单独在一起，在一起的时候又吵个不停，他对每件事都是这么固执（80），他觉得一旦做了决定就一辈子不想更改，就好像他从来没有听说过要多考虑考虑这回事。他真是自私（90），永远不愿意妥协（80），他总是要坚持己见，我对此烦透了。

后　　果： 我真是气到极点了（100），根本无法平静下来，我甚至无法听他说话。他还说要在周末之后继续讨论，可是我现在无法不去想它，我越想越生气（100）。

反　　驳： 等一下，我的确十分生气，我想我是否将事情夸大了。泰德确实不愿意对约会的事让步，也十分不愿意花掉我们的退休金，他的确不像我一样随意，不过他也不是太固执。他也曾经为了我和孩子放弃他想要的（95），就好像去年夏天，我们决定去海边，虽然他已经花了不少精力去找五月角的资料，但他还是愿意改去伯克郡。而我也不能称他自私，因为我要回去上学，他甚至愿意换工作搬家，他为此牺牲很大（100）。也许他只是对咪咪长大感到焦虑（80），想到她要与她认识的那些家伙约会，这的确令人害怕，而且阳台会花掉我们积蓄的一大部分。我应该了解他为何会觉得不安（90）。

激　　发： 我冷静了许多，虽然仍觉得有点生气，但是不像我以前的感受了（20）。我可以把约会及改建的事放在一边，这使我们能够享受剩下的周末。

依莲娜不再给自己空洞的鼓舞。反驳使得她的气愤从 100 减到 20，并且她可以放松心情来享受她的结婚纪念日。是什么使这些反驳有效呢？让我们来看看一些细节。首先，依莲娜告诉自己慢一点，这点是很重要的，消极思维跑得比反驳还快，所以她需要“刹车”。告诉自己等一下，这样可以与自己即时的想法保持一定距离，这是很重要的第一步。然后依莲娜指出自己自动思维中的真实部分。的确，她的先生不像她一样随意，但是这并不表示就是固执。如果你的看法中有一些是真实的话，不要将它们都丢弃，但是必须要将真实的要点与无价值的灾难化区别开。

接下来，依莲娜举了几个泰德妥协或是愿意改变计划的例子。依莲娜引用证据来反对她的想法。最后，她为泰德的行为做另一种假设——也许他对咪咪进入青春期感到焦虑，也许他对经济保障感到不安。对看法保持距离、区分事实与灾难、考虑现有的证据和作出选择，都会使反驳强而有力。悲观的看法被放弃后，你的情绪会转好，活力将再现。

有效反驳的基石

有效的反驳建立在四大基石之上。**第一个是搜集证据。**当你指出悲观的想法之后，问自己，这种想法的证据是什么？要小心啊！你长期以来都是个悲观者，已经发展了一套支持悲观的方法。刚开始寻找证据时，你可能会找到许多支持悲观的证据，而反对它的证据却很少，这就是*认知偏差*（cognitive bias）。我们较容易看到支持想法的事实，却较难看到反对它们的事实，攻击认知偏差，不要只从生活中寻找任何可以打击想法的证据，而要将此任务分成两个不同的部分。首先，找出所有可以支持你的想法的证据，然后问自己，哪些证据是属于反对这个想法的？强迫自己考虑两方面的可能性，这样可以减轻认知偏差。当然，反驳是否有效，要看所搜集的证据是否有效。所以，请务必仔细地搜集证据，且将每一项证据单独列出。

第二个是做出选择。问自己是否还可从其他方面来看这件不好的事。悲观者很难从不同角度来看待事情。许多时候你可能完全相信自己的看法就是唯一的解释，不过你多是与自己开玩笑吧，要尝试尽量列出其他的解释。如果你仍然相信没有其他可能的解释，那么再问自己，为什么我的好朋友能正确了解所发生的事？我的父亲呢？为什么一个公正的旁观者可以了解呢？你一旦搜集到其他解释后，再应用证据来评估它的正确性。请记住，事件的发生几乎从来不会只由单一因素引起，复杂的世界使我们有自由挑选多种解释，不要只简单地看到一个悲观性的解释，要看到引起问题的整体原因。

第三个反驳的技术就是化解灾难。即正确地评估影响，也就是评估引起不好的事的所有可能情况。当事情不顺利时，你是否立刻想到一连串即将来临的恐怖事件呢？如果你的老板说“需要改进”，你是否会联想到职业生涯的没落呢？悲观者老是想到“万一”，他们将事情看成灾难。老板略为不满意，悲观者立刻进入“万一”的想法：万一他开除我呢？万一我找不到其他工作呢？万一我得转行呢？……应付“万一”问题的最佳方法就是正视这类想法，并且探讨问题。“万一”问题很恐怖，是因为它含糊不清，听上去又不吉利。

当你想到“万一”时，问自己以下三个问题，每一个问题都会帮助你化解灾难。第一，无论发生的几率多小，什么是可能发生的最糟糕情况？要仔细描述，不要敷衍。然后问自己，发生的可能性有多大呢？如果发生的话，有什么方法可以改善情况呢？再问自己，可能发生的事中最好的情况会怎样？同样也要描述清楚。为最好情况和最坏情况下定义之后，再问自己，实际上最可能发生的会是什么？从几率上来看，最坏和最好的都不会发生，能发生的情况常在两者之间。

一旦指出三种结果后，你就可以制订计划了。**开发反攻计划是第四个反驳策略，将精力投入到最可能发生的情况的反攻计划中。**但是也不要忘记为最好及最坏的情况做好打算。在极少数的情况下，最坏的假设也可能成真。坏事件的确会发生，比如终止关系、无法挽回、被开除、挨训、个性不完美等。但这并不意味着我们是无助的，有什么方法可以改善呢？你该如何改正错误呢？或是应如何改善引起问题的某种个性呢？我应如何补救已造成的伤害呢？形成反攻计划可以避免无助，也可以保存实力以度过可怕的时刻。

依莲娜自称是个老想着“万一”的人，以下是她如何学会化解灾难的例子。

不好的事：我和泰德大吵一架，我们俩都说了一些伤人的话，他冲出家门，两小时后打电话回来说要在他弟弟家过夜。

想　　法：真是糟糕。我们从来没有这样吵过架，我也从来没有见过他如此生气，万一他冷静不了的话，该怎么办？万一我们无法解决此事，又会发生什么事呢？

化解灾难：冷静一下，依莲娜，最坏的后果可能就是他不愿意再回家，趁我上班时，收拾他的东西就再也不回来(最坏的假设情况)。即使真的是这样，我也能应付。虽然那会是我所想象中最困难的事，但是我可以要求我的家人帮我渡过难关（反攻计划）。再者，照理说，这事是不会发生的，我们结婚已经这么久了，他这么爱孩子，不会就这样失踪的（证据）。我想最佳的假设情况就是，几个小时后，他就带着玫瑰花回家，并向我道歉。这个希望很渺茫，泰德已经有20年没有买花送我了。好吧！什么才是最可能发生的呢？我想他会在亨利那里过夜，明天早上才回家(最可能发生)。刚开始时我们之间会有些冷漠，我们俩都说了一些气话，我想大概要过些时候，我们才会真正和好。不过我们可以共同努力，也许我该把孩子放在妈妈那里，这样我们才可以好好地谈谈（反攻计划）。

当依莲娜指出最坏的假设情况，并且想好如何应付之后，她可以看出最坏的假设不太可能发生，而得以消除恐惧感，冷静下来。她知道最佳的假设也同样不太可能发生。接下来，她就可以关注在吵架后最可能发生的结果上。现在她已有实际的想法，于是可以为想法打造计划，也就进一步增加了事情成功的可能性。

你也同样需要反驳

教孩子反驳悲观想法之前，你自己要先练习这些方法。以下是帮助你练习的例子。

不好的事： 我的好朋友与她的先生分居了。虽然我认识珍妮丝更久些，可是多年来我与史蒂夫已成为好朋友。珍妮丝搬出去后，我仍会偶尔与史蒂夫聊天，他也来吃过两次晚饭。当珍妮丝发现之后，大为生气，她说我对她不忠。

想　　法： 她是对的，要是我会怎么想？珍妮丝需要我的支持。我与史蒂夫在一起使她伤心。我真是做错了。我知道她一定不会理我了。我们的友谊也会完蛋的。

后　　果： 我觉得内疚。史蒂夫两次给我留言，我都没有给他回电。然后我对他也觉得内疚，这真是一团糟。

反　　驳： 对，我先认识珍妮丝，我也支持她的决定。但是这并不是说我就不能不理史蒂夫了。这是个复杂的情况。我最好能解释清楚我对他们两个人都很关心。与史蒂夫在一起并不是对珍妮丝不忠，我也关心她(选择)。自从他们分开后，我几乎每天都和她通电话（证据），而且我也极力将她带入我的活动中，使她不致觉得孤单(证据)。珍妮丝也许现在会生气，但是她很快就会冷静下来的（化解灾难）。给她一点时间吧！也许我该寄张卡片给她，向她说明我的感受（反攻计划）。

激　　发： 我不再觉得内疚，开始对自己感到满意。我觉得我对这个困难的情况处理得还不错，我决定打电话给珍妮丝并向她解释我对事情的看法。

现在你可以选取生活中的例子来做练习了。接下来的几天中，请密切注意所发生的任何挫折或问题。聆听自己的内在谈话，然后练习反攻计划。以下是询问自己问题的总括：

1. 有什么证据可支持这种想法是真实的？有什么证据反对这种想法？

2. 有什么不同的选择，可从不同角度来看这种情况？

3. 可能发生的最坏情况是什么？可不可能发生呢？

4. 可能发生的最好情况是什么？可不可能发生呢？

5. 最可能发生的结果是什么？

6. 我的反攻计划，尤其是对最可能发生的结果的反攻计划是什么？

你不必在每种情况下，将每一个问题问个遍。练习几个问题，然后挑出最适合你的几个。不要忘记用1~100的分数来评估你最初的想法及反驳，也要评估感受强度，这样才可以看出反驳的作用。将你的ABCDE记在下面空格内。

不好的事：

想法：________________

后果：________________

反驳：________________

激发：________________

不好的事：

想法：________________

后果：________________

反驳：________________

激发：________________

不好的事：

想法：________________

后果：________________

反驳：________________

激发：________________

不好的事：

想法：________________

后果：________________

反驳：________________

激发：________________

成人的快速反驳

教孩子反驳之前，还有最后一项成人练习是你必须要做的：**系统地将 ABCDE 写在纸上，是反驳悲观的良好开端。**一旦熟练之后，你就可以不必依赖纸张，正如你起初的悲观想法是自动反应一样，你的反驳也会成为自动反应。这项练习是为了在悲观看法一进入头脑中时，就立刻向它发起攻击。

快速反驳的目的是要你立刻驱除悲观的想法，请配偶或一位你信任的朋友来帮助你，务必要选择一个你可以与他分享自我批判的想法与感受的人作为练习伙伴。伙伴的任务就是要像你平日批评自己一样来批评你，先花 5 分钟时间向伙伴解释平日会引发你悲观看法的各种情况，以及通常对自己说的话。你的伙伴也许起初会觉得不自在，请向他保证你绝对不会将他批评的话当作他个人的想法，那些批评其实是你对自己的指责。一旦他了解了这项练习的目的，他就不会再紧张。你必须说服他，让他严厉地批评你，你不能没有反击，就轻易放弃。

你的任务就是要大声地反驳批评，指出证据，化解灾难。提出其他有道理的选择情况，然后描述你要如何应对这个情况，尤其当指责正中目标时，更要提出反攻计划。在开始练习之前，请先与伙伴一同看下面的例子。

情　　况：丹妮尔晚上接到警察打来的电话，告诉她 17 岁的女儿费丝发生了车祸。费丝没有受伤，但是车子严重受损。费丝喝了酒。

指责（伙伴）：酒后驾车！幸好她没有死。她怎么会如此笨！你显然没有好好地教导她，否则她就不会在喝酒之后还想要开车。再说她根本不该喝酒的。你还不知道她喝酒呢！你都到哪里去了？

反　驳：我很庆幸她没有死。酒后驾车是最愚蠢的事。我的确不知道她会喝酒，这不是个好现象。但这并不表示我没有好好教导她。我十分认真地当好妈妈（选择），并且我也好几次和她谈到喝酒的风险（证据），我甚至带她和她的弟弟去参加社区举办的有关酒精和毒品的讲座（证据）。即使如此，她仍然决定喝酒。我无法控制她的每项决定（选择），我只能提供给她事实和我自己的意见而已。

伙伴打岔：是呀！你说得没错，可事实是你的女儿碰坏了车，自己还差一点被撞死。她会出大问题的，既然她已经在喝酒了，谁知道她还会做出其他什么事。刚开始时是酒精，以后就会吸毒了。

反　驳：我无法否认这的确可怕，但是只是想象最坏结果也是无用的。她在 17 岁时喝酒，但这并不见得她会染上毒瘾（化解灾难）。我必须了解她现在的状况看她是否需要我的帮助。如果我们好好处理这件事，费丝就会没事的（选择），还好在没有出大问题之前，我已经注意到了。

现在轮到你了。与你的伙伴一起至少做 5 个练习。**如果练习时，你觉得头脑不清或是受阻，就要叫停。**记住，这项练习是很困难的。它要你在热烈争辩之中找出有说服力的化解灾难的方法。如果你觉得头脑不清，就要停下来，清醒一下，再以较慢的速度来找出有效的反驳。当你准备好了之后，再与你的伙伴开始练习。请他用和刚才一样的指责，这样你才有机会来掌控它。和其他方法一样，不要一次做太多。快速反驳是需要许多练习的。如果你一个星期练习一两次，每次 15 分钟，你就会快速而有力地改变你的悲观想法。如果一段时间后你发现自己反驳的方法逐渐消失的话，可以再次练习。

教孩子反驳

现在你已经准备好来教孩子反驳及化解灾难了，这也是宾夕法尼亚预防计划的研究重心。一旦孩子掌握了这些方法，这些方法就可以持续使用，而孩子也学会如何抗拒失败以及放弃。坏事件会不断发生：考试不理想、被球队裁掉、无法谋得最想要的工作、被异性拒绝等。但是，你已教会他如何在这些挫折面前坚定不移。他不会无助地崩溃，反而可能会找寻出路，这就是你教给他的。

教孩子反驳最主要的原则就是正确：反驳必须依据事实，必须是可被证实的。如果孩子的反驳是不清楚的或仅是空洞的积极思维，就不会消除他的悲观。如果有这种现象发生，你要帮助他发展更坚固而踏实的反驳方法。即使你不是在正式教他技巧，也要让他模仿有效的反驳。他越常听到你对自身悲观的挑战，就会越快学会挑战自己的悲观。

正确的反驳

告诉孩子你要教他如何挑战悲观的想法。向他解释这是为了帮助他尽可能正确地看待自己，那样他会对自己感到满意，并且可以解决自己的问题。

首先，读第 8 章有关福尔摩斯与糊尔摩斯的故事。问孩子如果是他的自行车被偷的话，他愿意请哪一个侦探来探案？要他描述为什么福尔摩斯是比较好的侦探。如果他回答因为福尔摩斯破了案而糊尔摩斯没有，要他解释下福尔摩斯做了些什么事来帮他破案。解释福尔摩斯做了两件糊尔摩斯没有做的重要事情：第一，他列下一张嫌疑犯的单子；第二，他寻找证据来帮他确定谁是小偷。相反的，糊尔摩斯只是假设脑子里想到的第一个人就是小偷。告诉孩子，我们偶尔都会像糊尔摩斯一样，当不好的事件发生时，我们时常相信脑子里闪过的第一个想法，而没有花时间仔细判断它是否真实。告诉他你要帮他成为像福尔摩斯那样的人，当问题发生时，你要他寻找证据来判断他对问题的看法是否正确。提醒他，悲观想法不仅会使他难过或使他轻易放弃，而且这常常是不正确的。教导他从不同角度来看问题，而不要相信脑子里出现的第一个念头。

接下来和孩子读下面的短文，来看看找出不同选择和寻找证据是如何起作用的。

罗素和妈妈

罗素：妈妈，学校里有一群孩子周末要去广林，那一定会很好玩的，我可不可以去？

妈妈：嗯，我不知道。我要想想看，有谁去？是谁开车？

罗素：罗布·雷克利斯（莽撞）要去，他的爸爸雷克利斯（莽撞）先生开车。

妈妈：还有谁会和你去？我不要你和透纳家的那个女孩在一起，她会带给你不良影响。

罗素：哎呀，妈妈，别紧张，丽沙没那么坏，她只是在那一次惹了些麻烦而已，还有其他孩子也会去的。

妈妈：那里有没有电话我可以打去找到你？

罗素：妈妈，放心啦！我又不是个小孩子。我会照顾自己的。我想那里不会有电话的。我们要住的地方就在海滩上，再说其他孩子的父母都没有大惊小怪，你为什么总是和我作对呢？

妈妈：听起来不太对劲，这样吧，下个周末，爸爸和我带你去海边玩。

罗素：喔！太好了。怎么会不好呢？我和我的父母一起去海边！为什么不干脆把我关在家里算了？

妈妈：罗素，我已经打定主意，你就是不能去，没有什么好说的了。（罗素回到自己的房间）

罗素（对自己说）：我真恨她！她像女巫一样，总是这样对我，从来都不让我玩开心，她使我在朋友面前抬不起头。等一下！我像糊尔摩斯一样了，福尔摩斯不会因为脑子里的第一个念头，就使自己生气的。他会去寻找证据，让我想想……妈妈有没有让我出去开心地玩呢？嗯，上星期她有让我去大冒险游乐场，而且她也让我一个人去看电影（证据）。噢，还有，她通常都让我请朋友来一起玩任天堂（证据），我想她的确有让我玩一些有趣的活动，也许她只是担心莽撞先生吧（选择）！他的确有不良的开车记录，也许她真的不喜欢我和丽沙在一起（选择），她的确曾从女孩衣物保管箱内偷东西而惹来不少麻烦。也许她是担心那边没有电话，那样万一有什么事，她就不能和我联系了，就好像去年我踢足球扭到脚踝的事（选择）。

我不能去玩仍然使我生气，但是我想我不恨妈妈，至少她有不让我去的理由，这使我心情好一些。也许她会让我请安德鲁一起和我们去海边，这会比只有我和爸妈一起好得多，我想我可以去问问看。

读完短文后，与孩子一起讨论。以下是用来讨论的一些问题。罗素对妈妈不让他去海边的第一个解释是什么？如果罗素跟糊尔摩斯一样，他会怎么做？罗素的行为为什么比较像福尔摩斯呢？他找到了什么证据？罗素有没有找出其他方式来理解妈妈为什么不让他去？如果罗素没有去寻找妈妈曾经有让他去玩的证据的话，你想他会如何反应呢？你想他会做出些什么事呢？当他找出证据，并且想到妈妈不让他去的其他原因之后，你想他会如何反应呢？你想他接下来会做什么呢？

ABCDE 的例子

请与孩子一起读下面的例子，要他指出例子中的孩子如何应用证据来改变自己的悲观，且提供更实际和更乐观的选择方法。

不好的事：我去我朋友梅雷迪思的家里参加派对。她的父母带我们去看电影，说好10点来接我们。天黑以后，劳伦从她的背包中拿出了一个塑胶瓶，里面装满了从她爸妈酒柜里倒出的酒。贝丝、史蒂芬及塔米好兴奋，都开始轮流喝酒。她们开始哧哧地笑，好像有什么事很好笑似的。坐在附近的人一直在让我们安静。劳伦叫我喝，可是我不要，她们就说我是胆小鬼、扫兴，一直不停地说我。

想　　法：我真胆小。她们都喝，我也该喝，我总是像个小婴儿一样。我认识的每一个人都喝酒，又不是什么大不了的事。每一次我们做什么有趣或疯狂的事，我总是害怕又退缩。我真是乳臭未干。

后　　果：我觉得自己好笨，真的好笨。我假装不在乎，只是盯着屏幕，其实我好想哭。就像是受窘、害怕、悲伤都一股脑涌来似的。我好恨。

反　　驳：我只是不想喝酒，这不会让我变成胆小鬼的。做别人在做的事也不算勇敢，那也可能是胆小。有时不做你朋友都做的事反而更困难，就好像莱利先生说的“一个人有可能是多数”，我想那就是我。反正又不是每个人都喝酒，我知道萨里和莉萨不喝。而且我也做过很多疯狂的事，比如我与哈莫尼小姐开的玩笑，或将格蕾琴小姐的房子用卫生纸围起来，这些都是我的主意，好有趣的。

激　　发：我开始觉得好些了，但仍等不及电影结束，因为我怕她们被逮到。不过我不再觉得伤心或不好意思。我只是坐在那里看电影，不理她们。

这个女孩用什么证据来挑战悲观思维呢？她举出曾做过的疯狂事情，像开玩笑，将别人的房子围上卫生纸等，来反驳自己是胆小鬼的看法。她找到什么不同的选择？她拒绝喝酒成为勇敢而非胆怯的象征，与她们一起反而是胆怯的行为。

实际生活中的 ABCDE

与孩子讨论完上面的例子之后，用下面的表格来帮他反驳他的悲观想法。首先，要孩子写下他生活中的一些不好的事、想法和后果。然后要他在“支持的证据”一栏中，写下支持这个想法的证据；在“反对的证据”一栏中，写下反对想法的证据；在“其他角度的看法”一栏中，写下两个他对情况较乐观的想法；最后在“激发”一栏中，写下他对乐观想法产生的感受及行为。当新情况发生时，请务必应用这种方法。

不好的事：

想法：______________	反对的证据：______________
______________	______________
后果：______________	其他角度的看法：______________
______________	______________
支持的证据：______________	激发：______________
______________	______________

化解灾难：短文训练

现在你已准备好教孩子化解灾难了。告诉他，到目前为止，你所说的都是关于问题为何发生的不同且有选择性的看法。例如：如果在学校考试不及格，他可能会想是因为“我准备不够”、“我很笨”或“考试不公平”。告诉他在问题发生时，人们还会想到另一件事，那就是：接下来会发生什么？如果他考试不及格，他也许会想到接下来可能发生的事，像是“我会一辈子被罚关在家里”或是“我这一科永远不会拿到好成绩了”。向他解释这类想法是关于问题会如何影响未来的。

请读下面有关忧愁的格雷格与充满希望的霍莉的短文。在如何应付那些“接下来会发生什么事”的想法中，格雷格代表灾难化，而霍莉代表化解灾难。

格雷格和 C+

亨　利：格雷格，一切都好吗？

格雷格：糟透了，我刚拿到英文课的试卷，我得了个 C+。

亨　利：噢，那是不太好，不过也不算太坏，你下一次就会考好一点。

格雷格：你开什么玩笑？你说不算太坏是什么意思？一个 C+，你知道那是什么意思吗？

亨　利：不知道，是什么呢？

格雷格：那就是说我不可能在英文这个科目拿到 A。如果我没有拿到 A 就意味着我拿不到荣誉奖，如果我没有拿到荣誉奖就意味着我无法加入荣誉会。如果我不能加入荣誉会，我也就别想到普林斯顿大学去，而我是非得到普林斯顿大学去念书的。

亨　利：你在说什么呀？只是一个 C+ 而已，如果你其他考试都很好的话，还是可以得到 A 的。老天啊，放轻松点。你现在干吗想到上大学的事呢？你才 13 岁啊！

格雷格：算了吧！你不会懂的，我完蛋了，没有前途了。

告诉孩子，人们时常将坏事情看成灾难，一旦发生，他们立刻想到可能发生的最坏的结果，而通常这些事都不太可能发生的。这种想法，使坏事情变成大灾难。要孩子描述格雷格是如何将 C+ 变成大灾难的，问孩子他是否相信格雷格所想象的恐怖事情会真的发生。

现在来读充满希望的霍莉的短文。

霍莉和 C+

汉娜： 嗨！霍莉，一切都好吗？

霍莉： 糟透了，我刚才拿到英文课的试卷，我得了个 C+。

汉娜： 噢，那是不太好，不过也不算太差。你下一次就会考好一点。

霍莉： 你开什么玩笑？你说不算太坏是什么意思呢？一个 C+，你知道那是什么意思吗？

汉娜： 不知道，是什么呢？

霍莉： 那就是说我的英文不能得到 A。如果我拿不到 A 就不能得到荣誉奖。如果没有荣誉奖，就不能参加荣誉会。如果我不能参加荣誉会，就别想上普林斯顿大学，而我是一定要去普林斯顿念书的。

汉娜： 你在说些什么呀？只是一个 C+ 而已。如果你的其他考试都很好的话，还是可以拿到 A 的。老天啊，放轻松点。你现在干吗想到上大学的事呢？你才 13 岁啊！

霍莉： 对喔，我想你说得对。我反应过激了一点，是不是？我想一个 C+ 并不意味着我一辈子就完蛋了。也许我太夸张了一点，不过要得到 A 是有些困难，我必须更加努力。如果我在剩下的学期里用功努力，我可以把分数拉高到 B+，甚至 A-。我的其他科目都还不错，如果我很用功的话，我还是可以拿到荣誉奖的。谢谢你了，汉娜。

霍莉发觉自己将事情灾难化时，就立刻缓慢下来，不像格雷格，她可以看出一个 C+ 使上大学的美梦破裂的可能性是十分渺小的。她将注意力集中在更实际的结果上，并且发展了反攻计划。霍莉决定她必须更用功，才能在这科拿到较高的成绩。问孩子，谁可能放弃英文且不再用功，是格雷格还是霍莉？告诉孩子当我们把问题变成灾难时，会使我们觉得抑郁失望，而且我们时常会觉得没有尝试的必要，所以就放弃了。

告诉孩子，当他在不好的事情发生后将结果灾难化时，他需要想到三件事。首先他应该问自己“可能发生的最坏情况是什么”，其次再问自己“可能发生的最好情况是什么”，最后，像福尔摩斯一样的，再问自己“最可能发生的情况是什么”。指出三种可能性之后，他就可以为每一种可能性分别制订反攻计划。让他告诉你能防止最坏情形发生的一个做法，一件能促使最佳情形发生的事和所有可做的并能应付最可能发生的结果的事。

接下来会发生什么事

以下是在宾夕法尼亚预防计划里一个六年级女孩的例子。

情况：卡莉是我最要好的朋友，她借给我一件十分漂亮的毛衣，上面有许多不同的颜色，还有一块块的牛皮。我穿它去参加派对，连莫莉和马克斯都说这件衣服很好看。但是不知怎么搞的，胸前和袖子上都沾满了奶油，看起来糟透了，像是巧克力塞进毛衣里了。我没有办法把它擦掉，妈妈说我应该穿塑胶衣服，因为我总是将食物弄到衣服上。她说那样到了晚上，她就可以拿个水管把我冲干净。反正我很怕告诉卡莉，我知道她会非常生气的。

可能发生的最坏情况是什么？卡莉会非常生气，告诉我她不要再做我的好朋友了。她会告诉琼安和希瑟，她们也会生我的气。

你可以做哪一件事来防止最坏情况发生？我可以用我的零花钱买一件一模一样的毛衣还给卡莉。

可能发生的最好情况是什么？卡莉告诉我她一点也不生我

的气。

你可以做哪一件事来促使最好情况发生呢？我可以告诉她我非常抱歉。我可以给她一件我最喜欢的毛衣。

最可能发生的情况是什么？我想她会有些生气，会有一阵子不和我讲话。

如果最可能发生的情况发生了，你会如何应付？我会告诉她我十分抱歉。我会对她非常好。我会经常与卡莉玩。

用下面化解灾难的练习来帮助孩子学习这种技能。

情况：桑德拉的妈妈要她在妈妈下班回家以前，将浴室打扫干净。桑德拉的妈妈回到家时，看到浴室一团糟，而桑德拉正在外面玩耍。

可能发生的最坏情况是什么？______________________。

桑德拉可以做哪一件事来防止最坏情况发生？______________。

可能发生的最好情况是什么？______________________。

桑德拉可以做哪一件事来促使最好情况发生？______________。

最可能发生的情况是什么？________________________。

如果最可能发生的情况发生了，桑德拉可以如何应付？_____。

情况：乔伊是 15 岁的男孩，他喜欢一个叫玛吉的女孩。他的朋友们说服他约玛吉出去，他鼓足了勇气去约她，但是当他约玛吉时，她拒绝了。

可能发生的最坏情况是什么？______________________。

乔伊可以做哪一件事来预防最坏情况发生？________________。

可能发生的最好情况是什么？______________________。

乔伊可以做哪一件事来促使最好情况发生？________________。

最可能发生的情况是什么？________________________。

如果最可能发生的情况发生了，乔伊应该如何应付？_______。

情况：杰基的父母经常吵架。她晚上躺在床上，听到他们互相叫骂，好像越吵越凶。

可能发生的最坏情况是什么？________________。

杰基可以做哪一件事来防止最坏情况发生？________________。

可能发生的最好情况是什么？________________。

杰基可以做哪一件事来促使最好情况发生？________________。

最可能发生的情况是什么？________________。

如果最可能发生的情况发生了，杰基会如何应付？________。

实际生活中“接下来会发生什么”

用下面空白的表格进行练习，让孩子用实际生活中发生的事情来做。做完练习后，要孩子比较，当他想到最坏情况和最可能发生情况时的感受，问他所想的最坏情况是如何影响他的行为的，并且和想象最可能发生的情形来作比较。

- 可能发生的最坏情况是什么？________________。
- 你可以做哪一件事来防止最坏情况发生？________________。
- 可能发生的最好情况是什么？________________。
- 你可以做哪一件事来促使最好情况发生？________________。
- 最可能发生的情况是什么？________________。
- 如果最可能发生的情况发生了，你会如何应付？________。

完成 ABCDE

你现在已经准备好与孩子一同来练习 ABCDE 了。提醒孩子运用反驳的技能，如果他的想法是属于“为什么”型的思维，那么应该寻找相对的证据，并且找出不同的选择。如果他的信念是属于“接下来会发生什么”的思维，则应该利用最坏、最好、最可能的策略来化解灾难。放学后，你陪他做几个练习，用所遇到的挫折作为例子。以下是帮助孩子学会反驳的几个问题。

1. 要像福尔摩斯：有什么证据来支持我的看法？
2. 要像福尔摩斯：有什么证据是反对我的看法的？
3. 有什么其他角度可以来看这件事情？
4. 可能发生的最坏情况是什么？
5. 我可以做什么来阻止它发生？
6. 可能发生的最好情况是什么？
7. 我可以做什么来促使它发生？
8. 最可能发生的情况是什么？
9. 如果它发生了，我的对策是什么？

不好的事：____________________________________。

想法：______________________________________。

后果：______________________________________。

反驳：______________________________________。

激发：______________________________________。

不好的事：____________________________________。

想法：______________________________________。

后果：______________________________________。

反驳：______________________________________。

激发：______________________________________。

脑力游戏

一旦孩子可以有效地反驳自己对实际生活中的挫折的悲观思维之后，你就可以教他脑力游戏了。**快速反驳就是反驳练习的最终目的，但是不要太仓促。**如果孩子对有效的反驳仍有困难的话，请继续练习。要记住，你教给孩子的方法一辈子都有用。他不是在一个星期内就学会走路的，也不是一下子就从加减法跳到除法和分数的。脑力游戏可以加快有效的反驳，如果孩子的反驳还不是非常有效，加快速度对他是没有好处的。所以对反驳技术一定要有耐心。一星期和孩子练习两三次，每次 20 分钟。当你对孩子的练习程度感到满意时，就可以开始脑力游戏了。

在宾夕法尼亚预防计划中，脑力游戏是孩子们最喜欢的一项活动。告诉孩子你要和他玩一种游戏，这种游戏可以帮助他在悲观思维发生时，就立刻反击。因为他不见得总是有时间将所有支持与反对的证据写在练习表格中。例如上垒球课时，他发现自己在想“我对垒球最不在行，我知道我一定会被三振出局的，我一向都是如此”。他必须立刻向这种想法发起挑战，才能够增加击中球的机会。

让孩子想想其他可能要立刻对悲观思维进行反击的情况，比如正在考试时，在台上演出时，在课堂上面对所有同学演讲时，邀请别人去约会时。**当你的思想会妨碍到你要做的事情时，最好立即反击。**

告诉孩子你要教他一种游戏叫脑力游戏，并向他解释玩法。你假装自己是孩子大脑里的悲观思想，你会给他一个假设问题，然后告诉他大脑里的悲观看法。他的任务就是要找出一件可以对抗这个想法的证据，或是想出另一种对情况更乐观的看法。

在开始以前，请先阅读下面的例子。你扮演头脑的角色，要孩子扮演短剧中的主角。

脑力游戏

不好的事：莫莉是七年级的学生。她很喜欢学校，可是一个八年级的学生黛比，最近开始找她麻烦。有一天放学后，莫莉正与其他同学一起走路回家，黛比和一些她的朋友走过来，拦住莫莉的去路，并且说：“嘿，大家来看看这个小肥球。你这么胖，如果你赢得美国小姐比赛，他们就会唱《美国大陆来了》，绕你一圈要花一整天的时间。你若不是吃得像牛一样多，就是你是一头牛。哞！哞！”莫莉整个脸都红了。她对自己的身材感到十分不好意思。她想假装不理她们，可是又做不到，就哭着跑开了。

莫莉的头脑：我真是个小婴儿，都不能为自己说话。她们说对了，我是头大肥牛，永远没有人会要和我在一起。

反　　驳：我比别的女孩重一点。我也希望我像苏茜一样瘦。可是我也不是大肥牛。我常运动，穿着也合适，看起来蛮好看的。我还有许多朋友，他们不在乎我是否比他们重。苏茜、杰西卡和丹娜都非常喜欢我，我们在一起也玩得很开心。

不好的事：卡尔这个夏天才搬到田纳弗莱。他很喜欢他的新房子，但是也很想念老朋友，并且对上六年级感到有些紧张。开学的第一天对卡尔来讲是很困难的，他不认识任何人，午餐时自己一个人坐，下课后也没有人和他玩。

卡尔的头脑：每一个人都开始讨厌我了，我一定不会喜欢这里的。往后的学期里，我都会一个人坐着吃午餐。我永远也不可能适应。

反　　驳：好吧！就算我今天没有交到朋友，但这只是我的第一天呀，还没有人知道我。这并不意味着我会永远没有朋友的。以前在伯奇特里时，我有好多朋友。妈妈说交朋友需要时间，她是对的。也许明天我会向数学课上坐在我旁边的男孩打招呼，他看起来还蛮好的。

与孩子一起读完这些例子之后，开始用下面的例子做练习。告诉孩子你会念给他听一个假想情景，然后立刻给他 5 种悲观的看法，他必须立即向每一个想法发起反击。告诉他你会以第一人称来读 5 种看法，这样他可以想象你是在对他说话。在练习时，请特别注意他的反驳。如果反驳无力，请立刻阻止他，并帮他找出较有力的反驳。以下是 5 种假设情况，每一种情况下有 5 种悲观看法。

1. 你本来是要在邻居不在家时帮他们照顾室内植物的，可是你把房子的钥匙弄丢了，无法进入屋内，植物都死了。

A. 我不值得信任。

B. 我的邻居永远不会原谅我。

C. 我把每一件事情都搞砸。

D. 我的父母会觉得我不负责任。

E. 我连帮人浇花这种简单的事都办不好，我永远都无法成功。

2. 最近，你的妈妈常常对你叫骂。

A. 她是世界上最坏的妈妈。

B. 不管我在房子里做什么事，都是错的。

C. 她一定不再像以前那样爱我了。

D. 我们再也不会和睦相处了。

E. 我所有的朋友都和他们的母亲有很好的关系。我是唯一和妈妈争吵的人。

3. 有人偷抄你数学作业，老师却指责你作弊。

A. 从现在起，老师就会讨厌我了。

B. 我的父母会对我非常生气。

C. 我是个坏人。

D. 现在，我的朋友会看不起我了。

E. 没有人会相信我。

4. 你整天捉弄你的弟弟，他哭着喊道：“你是世界上最坏的哥

哥（或姐姐）。”

A. 他是对的，我是最坏的哥哥（或姐姐）。

B. 我是多么的凶呀。

C. 我的弟弟会一辈子恨我的。

D. 我永远也无法控制我的脾气。

E. 我的父母会觉得我是个坏小孩。

5. 这是七年级的第一个星期，你觉得没有人喜欢你。

A. 我永远不会有朋友。

B. 没有人喜欢我，因为我太无趣了。

C. 在剩下来的一年中，我都会孤独的。

D. 如果我长得好看一点，别人也许会喜欢我。

E. 如果我很幽默，我就会有朋友。

做完练习以后，再让孩子用 ABCDE 练习表格中的一些例子来强化练习。每星期练习 3 次，每次 15 分钟。孩子就会很快学会如何快速且强力地来对抗自己的悲观。每隔几个月就复习一下，使孩子对反驳与化解灾难的方法保持敏锐的状态。

结　论

“她像我一样观察敏锐”“他遗传了我的运动神经”“她遗传了她妈妈的智慧”，父母时常很骄傲地这样说。想想看，当你说“他有我的乐观”或“他有我的毅力”时，你会有多骄傲。这正是你所要做的，你已经开始让孩子对抑郁、低成就感和无助感免疫了。你教给自己以及孩子的方法，会成为你们一生都会用到的“武器”的一部分。你已经教孩子无论遇到任何障碍，都保持“把握今大”的态度。所有的父母都想要教孩子努力工作、负责任且充满活力。这些价值观是十分重要的，但是只有价值观和天赋而没有乐观，通常是不会有成就的。你不仅要教孩子正确的价值观，同时也要帮助他发展应对生活挑战、达成目标及超越自我潜能的能力。

在下一章，我将会教你在本章所学的认知技巧基础上发展而来的社交及解决问题的技巧。本章与下一章的方法一起使用，可以为孩子提供乐观与掌控的基本方法。

第 12 章

让孩子学会与人相处

在帮助孩子学习解决问题及社交技能之前，请记住三项原则：第一，不要为孩子解决任何问题；第二，一旦让孩子自己解决问题，你就不能对他的解决方式过分苛求；第三，你自己要示范有灵活性的问题解决策略。

你已经从第 9~11 章学会了如何帮助孩子挑战悲观的想法，以及如何为挫折的原因寻找正确的解答。这会帮助你预防孩子变得抑郁或是遇到困难时放弃尝试，但只做到这一步还是不够的。当孩子能够正确地解释问题之后，你时常会发现亟待解决的问题仍然存在。乐观不会使问题消失，它只能使孩子找到问题的根源，那样他就能集中精力。孩子现在需要学习应付问题的技能了。

挫折的社交生活可能成为抑郁的源头

在儿童时期的末期，孩子不仅从父母及兄弟姐妹那里，更从朋友那里寻求支持来满足社交的需求。于是，他们开始发展并且维护家庭以外的关系，这是项长期任务。当孩子的社交圈扩大时，父母对孩子在家庭以外所发生的事情也就渐渐失去控制了。父母看到孩子在学校或是在朋友那里遇到风险或挫折时，常会感到无助，好在你可以教孩子一些在学校学不到的技能，这些技能可以帮助他应付这类问题。

拥有良好的社交关系及问题解决技能的孩子常会交到新朋友，他们能适应新环境，和不认识的孩子打招呼，并且能积极参加新活动；他们也知道如何维护友谊，他们懂得合作、妥协、信任别人，也赢得别人的信任；

他们同样会适当地应对冲突；他们尊重不同观点，将自身的期望以清晰且坚定的方式表达出来。当他们做错事时，他们会诚心道歉；若不是他们的错，则不轻易认错。许多儿童，尤其是有抑郁风险的儿童，就没有这些技能。对这些儿童来讲，他们新的社交生活就是抑郁和无价值感的来源。看看克里斯蒂娜的例子吧。

克里斯蒂娜刚上七年级。她的父母注意到她的行为及成绩都有变化，并为此担心不已。去年，克里斯蒂娜很快乐，虽然有时心情不好，但是不会持续很久。她的各科成绩多半是A和B，她也会很热情地参加许多新活动。放学之后，她和几个朋友在一起玩，回家后又急着打电话给她们。今年就不同了。克里斯蒂娜无精打采地待在她的卧室里，不想一个人待时，她宁愿和妹妹一起玩也不去找她的朋友。她的第一张成绩单上只有一个A和两个C。

家长座谈会上，克里斯蒂娜的父母很惊讶地听到克里斯蒂娜与朋友相处不好，又迟交作业的事。在家里，克里斯蒂娜动不动就生气。当父母问她原因时，她也不愿意说出自己的感受。但是有一天，克里斯蒂娜哭着走进家门。

克里斯蒂娜：她们现在都讨厌我，我不知道我做了什么，但似乎她们都不再喜欢我了。

妈　　妈：是谁这样说？发生了什么事呢？

克里斯蒂娜：就是我以前的那些朋友，她们在图书馆里传纸条，我知道她们在讲我，我告诉她们不要再这样，然后我就开始哭了。我不想哭的，可是没有办法控制，她们就开始笑我。她们就是想让我哭，我跑出图书馆，劳丽想要和我讲话，可是我叫她不要理我。她想要给我看她们写的纸条，我告诉她说她是叛徒，我也讨厌她。余下的时间里我都很难过……她们一直看着我，我不想理会她们，可是我就是无法停止哭泣。

克里斯蒂娜的问题就是抑郁症风险儿童的普遍问题。让我们来仔细看看。首先，当克里斯蒂娜看到朋友在传纸条时，她就武断地下结论。她猜她们是在背后说她的坏话，然后她将猜测视为真的，就开始哭了。她只是自发地考虑问题，没有考虑到她的朋友会对她的行为有何种反应。当劳丽想要和她讲话时，她又拒绝别人的帮助。她不肯看纸条，她认为纸条里写的是她的事情。在剩下的时间里，她独自一个人，没有得到任何支持，并且没有对“她的朋友都讨厌她”的想法进行反驳。如果克里斯蒂娜继续指责朋友对她冷淡，然后退缩，那么无论她的指控是否正确，她的朋友都会离她而去的。

抑郁与有问题的友谊之间会形成一种恶性循环。与朋友之间的问题可能使克里斯蒂娜觉得抑郁，一旦感到抑郁，克里斯蒂娜就会对应付冲突感到更困难，而这也会使她的交友情况更加恶劣。现在即使克里斯蒂娜的心情开始好转，她仍然会失去朋友，并且恢复会更困难。失去友谊和脆弱的社交技能连在一起，使克里斯蒂娜更容易再次抑郁。

抑郁会以不同方式来影响男孩和女孩。像克里斯蒂娜，女孩通常都比较倾向于退缩，她们会痛哭并觉得悲伤。相反，男孩时常会找人打架，我们来看看托尼的情形。

托尼是五年级的学生，他的个子很高。他的时间多半花在制作车子和火箭模型上。他很喜欢读赛车方面的书，并且打算长大后从事设计跑车及赛车的工作。托尼通常都很随和，但是最近却非常容易生气。当他的父母叫他做家务或是提醒他做功课时，托尼就垂头丧气地叫他们不要理他。起初，他的父母将托尼的心情改变视为一个过渡期，不去理会他。但是当他们从学校辅导员处听到托尼最近常与班上爱欺负人的哈维在一起时，他们就开始担心了。哈维总是找人打架，而且还被怀疑破坏学校公物。

有一天在校车上，当车子转弯时，有一个四年级的学生撞到托尼。托尼想他一定是故意的，他站起来将那个孩子推回座位上。那个孩子看起来很害怕的样子，托尼就开始嘲笑他："啊，不要哭了，小孩子。你是不是要找妈妈？来来来，也许吸手指会让你感受好些。"托尼捉住小男孩的手，硬要把手放进小男孩的嘴中，小男孩开始哭了，哈维笑着拍着托尼的背说："托尼，你可真给他些颜色看了。"托尼微笑着，仿佛被他的新朋友接纳，他看起来很开心似的。

第二天又发生了另一件事。托尼走进厕所，看到有几个常和他在一起的六年级学生。周末时斯科特常与他打篮球，贾里德就住在他家附近，贾里德在校车上看到托尼欺负四年级的学生的场景。

贾里德：哇！强悍的家伙来了。你欺负弱小的四年级学生可真有一套，你对同年级的孩子又会怎么样呢？

托　尼（生气地说）：怎么样？少管闲事。

斯科特：别生气。托尼，他只是说你不应该欺负比你小许多的孩子。

托　尼：闭嘴，斯科特，我不知道你原来还是个小婴儿，你们这些家伙都是一群胆小鬼，快点长大吧！

不一会儿工夫他们就打了起来。托尼的头撞到洗手台，贾里德的手臂也青一块紫一块。托尼的恶名远扬，那年托尼又打了三次架，被学校停学两次。他不再与斯科特打篮球，碰到贾里德时也互不理睬，他唯一的朋友哈维也只对惹麻烦有兴趣。他们两个开始一起偷东西，晚上又在学校墙上喷漆涂鸦。

托尼很气愤，但是他抑郁吗？如果有人问起，托尼会说他最近情绪低落，不再对任何事情感兴趣，并且对朋友及学校都不像以前一样有信心。当他打架时，他的心情会好些，但是这种好心情并不会持续太久。打完架回家，他的父母对他很失望，而他自己的心情也不好。托尼会告诉别人他觉得非常抑郁，因为他知道他应该如何做，但就是没有办法让自己去做。

许多父母不会过问像托尼这样的孩子的感受。因为他们看起来并不沮丧。托尼没有哭泣或是唉声叹气，而是通过打架或其他不良行为来表现。父母多半只注意到孩子的不良行为，并以越来越多的处罚应对。

除了不同的行为表现外，托尼与克里斯蒂娜存在同样的问题。他们误解其他孩子的意思，又很快地做出不经思考的反应。托尼与克里斯蒂娜之间的不同在于他们作出的解释。克里斯蒂娜责怪自己，她觉得悲伤与退缩，是因为她相信是自己所为使朋友不再喜欢她。相反，托尼责怪别人，他的基本观念就是“别人都要与我作对”。

“别人都要与我作对”的看法，在抑郁情况中是很普遍的。这种火热的思维，又快又偏，没有经过冷静的思考，会产生冲动及具有侵略性的行为。托尼认为别人都要伤害他，所以他要报复。他必须学会控制自己的愤怒及延缓做出决定的过程，那样才能分析应对方式，也许可以避免打架。

对托尼而言，即使他不怎么觉得抑郁，也会比克里斯蒂娜更难回到正常轨道上。他现在已经恶名远扬了，其他的孩子会认为托尼很好斗进而向他发出挑战或找他打架。托尼正走向与几个月前迥然不同的道路。如果他继续走在这条路上，他最后可能不是在大学里念书而是在监狱里服刑了。

教授解决问题及社交的技能

克里斯蒂娜与托尼都陷入了一旦进入就难以逃脱的漩涡之中。但是，这是可以预防的。有强烈的自信心与牢固的社交关系及解决问题的能力的孩子，就不太会陷入这种漩涡之内。

宾夕法尼亚预防计划中所教的社交技能对所有儿童都有用。对那些刚开始发出抑郁信号的孩子，特别是与朋友相处有问题或在学校表现有问题的孩子尤其有效。第一步，就是要评估孩子现有的社交及解决问题的能力。请填写下列关于孩子行为的问卷。

儿童行为问卷

评估孩子解决问题及社交的技能

以下列方法对每一题评分：

1 ＝很少

2 ＝偶尔，当紧张或心情抑郁时

3 ＝时常

解决问题的技能：

A. 停止和思考：对问题的诠释。

——时常武断地下结论，容易生气。

——在学校很容易被他人伤害。

——在家容易被父母或兄弟姐妹伤害。

——对人说：“其他人都不喜欢我。”

——对人说：“其他人都很凶。”

B. 观点的形成。

——很难了解规则或限制的原因。

——很难理解其他孩子的动机。

——只从自己的角度来看问题。

——对旁人的感受漠不关心。

C. 确立目标并找出有不同选择的解决方法。
——行为冲动，不经思考。
——没有完备计划。
——除非在家已有计划好的活动，否则容易感到无聊。
——容易被困住，总是寻求支援。
D. 长处与短处，选择行为方向。
——很难预测行为的结果。
——即使现行方法没有效，仍然固执地用同一方法来应付问题。
——很难自己做决定，时常寻求协助。
E. 解决方式失败后继续努力。
——目标未达成时容易觉得抑郁。
——即使事情成功了，仍然觉得不满意。
——事情不顺利时，放弃或是生气。

社交技能：
F. 坚定自信。
——与老师或朋友之间的问题，需要协助才能解决。
——对家里的规矩感到不高兴时，会赌气或抱怨。
——过于激惹同伴，有爱欺负人或专制的声誉。
——过于被动地对待同伴，让自己被人侵占权益。
G. 谈判。
——很难对朋友妥协。
——不能顺着自己意思时就噘嘴赌气。
——将所有解决方式都视为非成功即失败，看不到中间的部分。

评分：重新检查每道题。如果你在一道题上答了 2 或是 3 的话，你在社交及解决问题方面就有一些问题。如果你有两个或两个以上的题目回答 3 的话，你在社交及解决问题方面就有严重的问题。

教授原则

在协助儿童学习解决问题及社交技能之前，请记住三项原则：**第一个原则是，不要为孩子解决任何问题**。父母，尤其是那些有抑郁子女的父母，时常觉得他们必须纠正孩子的问题。他们要孩子快乐，所以企图解决孩子的问题。不幸的是，这种做法不仅没有帮助，反倒是有害的。当父母介入时，他们就阻止了孩子学习所需之技能，并且送出的信息是：你无法独自应付。这样的孩子在家会依赖父母，长大后也会依赖别人来解决问题。虽然不替孩子解决问题，但要保持支持及感兴趣的态度，让孩子独立思考、分析情况。当他无法前进时，请给予指导，不要给予答案。

贾尼丝是宾夕法尼亚预防计划中一个孩子的妈妈。她描述了以前她是如何处理儿子的问题的。

> 艾力克是个可爱的孩子。从他很小的时候起，他就一直有颗善心，并且很注重感受。当他还是幼儿时，他就会问我如“妈妈，你今天是不是很伤心”或是“当我拿书给克里格看时，我有没有使他开心”之类的问题。我记得艾力克大概两岁，他的弟弟还不到一岁时，我还在喂克里格母乳，所以我时常抱他，也给他很多关注。记得有一回我刚把睡着的克里格放下，艾力克走过来问我：“妈妈，你有没有想我？”我很吃惊，因为我整天都在家与孩子在一起。前一天晚上，我先生带艾力克出去买东西，我以为他指的是那时候。所以我问他，他是不是问我有没有在他和爸爸出去时想念他。他很认真，好像在仔细考虑，然后说：“不是的，不是在买东西的时候。我是说当你抱克里格时，有没有想我？”这件事对我有很大的影响。我想了好久，我想有些孩子对弟妹所得到的更多关注会觉得十分嫉妒，也许艾力克也是这样。但是他表达的方式是如此甜蜜，我记得那时心里在想，多么温和的个性呀。

也许是因为我觉得他很敏感，容易受伤害，从他小时候起，我就尽力保护他。我想所有的母亲多少都会这样做的。但是现在回想起来，我可能是过分保护他了，尤其是我保护他比保护他的弟弟还多。几个月前我发现一件事情，当我坐在那里与其他父母聊天时，突然，有个叫杰西的男孩开始捉弄艾力克。我听不到他们讲话的声音，但是我可以看出艾力克不高兴。我当时心中的反应就是跑过去阻止他们，可是不知为何，我并没有这样做，我决定让艾力克自己去处理。问题是，艾力克没有去处理，他只是站在那里，好像在听杰西讲话，然后克里格走过去告诉杰西不要再这样了。克里格的表现真的很好，他没有反过来捉弄杰西或是使事情更糟，他只是以很坚定的语气告诉杰西停止捉弄，而杰西也听他的话了。

这使我仔细考虑艾力克的问题，我开始留意，当艾力克与一些事情抗争时，会发生什么样的事。我注意到我们通常都很快地介入。很多事情，比如做功课，或是与他的朋友交往，甚至是决定送报的最佳路途，我也开始留意两个孩子的不同。克里格立刻投入问题，着手去做。如果他被困住，他会找我们帮忙，但是通常他都能够自己解决。艾力克正好相反，他先来找我们，自己不想办法就先求救，以前我认为这样不错，艾力克在需要时，知道如何求助。但是现在我想我们使他怀疑自己的能力，我担心我们把他的挣扎拿走了。

第二个原则是，一旦让孩子自己解决问题，你就不能对他的解决方式过分苛求。他一定会有些不太好的开头或是某些情况处理不当，但是如果你过分责怪他，他就会停止尝试。当孩子开始学习这些技能时，要多注意过程，而不要太注重结果。如果他处理问题的方向没错，但是事情并没有想象中的成功，要赞赏他所采取的步骤，然后帮助他检查出存在的问题。斯图尔特是计划中一个六年级女孩托莉的父亲，他这样描述自己的挣扎。

我跟你说，眼睁睁看着自己的孩子做错事情其实是件十分困难的事。我知道她很尽力，而且她从计划中学来的技能也很有帮助。但是每一次我看到她用我觉得不是最好的方法来处理问题时，我都想要教她该如何做才好。我想偶尔这样做并没有关系，但是每一次我都想这样做。因为我讲话容易发火，所以我很小心。虽然我不想严厉，但有时听起来就像在骂人。就像那天，她与她的一些朋友争吵，好像是她们要她打恐吓电话给一个她们不喜欢的女孩，而托莉不愿意做。她说她替那个女孩感到难过。我问她她是怎么做的，她说她撒了个谎，说是必须回家照顾她的妹妹。当我听到这个时，我想要告诉托莉，她的这个处理方法不好。我要她勇敢面对那些女孩，告诉她们她不想加入这种幼稚的游戏。我的太太觉得我疯了。她说托莉走开是很好的，如果撒谎能够帮助她，那也没有关系。反正到最后，我告诉托莉她应该用这个最容易脱身的方法。托莉十分不高兴，我太太也很生气。这真不好。我后来也觉得很难过。我正努力改进，真的。我太太说我应该帮托莉思考她的决定，而不是告诉她什么是对或错。她在这方面比我好得多。不过，我也在很努力地去做。

第三个原则是，你自己要示范有弹性的问题解决策略。让我们来看看同样情形下两种不同的处理方式。

海伦家的屋顶需要整修，修理屋顶的人根据需要修理黑油瓦片的部分、一个屋顶边沟及一个排水管，给她一个估价。他要求先付一半价钱，海伦付了钱就到学校去接孩子了。当她回家时，工人已经走了，屋顶部分已经修好，但是没有屋顶边沟，也没有排水管。

海伦大声叫道："他们到哪里去了？可别告诉我他们已经走了！那些混蛋！没有做屋顶边沟，我早该知道会发生这样的事。他们想要蒙骗我，我可不会让他们这样做。米雪儿，下车。我一定要打电话给他们，好好骂他们一顿。"

听起来熟悉吗？我们偶尔都会反应过激的。但是如果这就是米雪儿经常在家所看到的解决问题的方式，她就会学会武断、急躁和冲动。让我们再看看另一种应对方式。

海伦说："他们到哪里去了？还没有做完呢！屋顶边沟还没有做。我不知道他们是否在休息？还是去买材料？我希望他们没有忘记才好！如果今天不做完的话，那可麻烦了。因为我明天不能留在家里。也许我等几分钟看看他们会不会回来，或许我和主管打个电话更好，看看到底是怎么回事。"

将想法大声讲出来，使海伦得以依循缓慢及更理智的反应方式。在第二个例子中，她举出几种可能的解释或方法来应付情况，而不是立即武断地下结论。最后她选择的方法可以让她得到更多的情报，来对如何反应作更好的决策。

解决问题五个步骤

孩子必须要遵循以下五个步骤，才能有效地解决问题。

第一步：放慢脚步

首先就是要教孩子放慢脚步。孩子必须要阻止自己的冲动行为。请先将下列情况念给孩子听，然后要他做下面的练习。

> 你在饮水机旁排队，有 5 个孩子排在你的后面。最后面的两个孩子在互相玩耍，撞到排在他们前面的人。那个男孩又撞到排在你后面的汤姆，而汤姆又撞到你，不巧你正在饮水，水溅到了脸上。因为你正在喝水，所以没有看到整件事情发生的过程，你只知道是汤姆撞到你而弄湿了你的脸。
>
> 像福尔摩斯一样，列出所有可能的原因：
> 第一个原因：________________。
> 第二个原因：________________。
> 第三个原因：________________。
> 第四个原因：________________。
> 第五个原因：________________。

当你与孩子做此练习时，要让孩子了解：他的想法会影响他处理事情的方法。告诉他做最佳问题解决者的第一步就是在**采取任何举动之前要“停下来想”**。问他如果他相信所列的每一个原因的话，他会怎么做。停下来让他有时间找出实际引发问题的原因。

帮助孩子放慢脚步的方法之一就是**教他如何将“暴躁思维”改成“冷静思维”**。告诉孩子：暴躁思维就是在问题发生时进入脑子里的想法，它们是“每个人都与我作对”的想法。有许多暴躁思维的孩子认为他们与旁人产生矛盾时，都是对方故意制造的。暴躁思维带来的问题就是它会使我们在尚未了解事情真相及如何处理之前，就急忙做出反应。暴躁思维下采取的行动常常会使我们后悔，因为我们可能会使问题变得更糟。

冷静思维帮助我们了解发生的事情，那样我们就可以先考虑所有情况，再决定如何反应。冷静思维帮助我们放慢脚步、仔细思考，而不是加速反应。

与孩子一起读下面列出的情况与想法。让孩子告诉你哪些是暴躁思维，哪些是冷静思维，以及每种思维可能会引发的行为。

1. 下课时托尼正在玩躲避球，有人丢了一个球，重重地打到他右边的脸上，他想：

A. 他是怎么了？是意外还是故意的？

B. 他是故意的，我要报复，他会希望他没有给我捣蛋。

2. 泰拉给她的朋友留了三次言，要她回来后立刻给自己回电话，整个晚上，泰拉的朋友都没有打电话来。泰拉想：

A. 她为什么不打电话给我？我不知道她是否生我的气。也许她忘记去听留言，或是她的哥哥听完留言，忘记告诉她说我打电话来。

B. 她是故意的，假装不知道我打电话来。

3. 琼纳本来是和他的朋友约好 3 点 30 分在购物中心碰面的，他等了 30 分钟，但是他的朋友还是没来，琼纳想：

A. 我就知道，乔治就是这么讨厌的家伙，他应该是我最好的朋友，但是他总是这样和我捣蛋。我可不要再受他的气了。

B. 到底是什么事？真是笨，如果他临时决定不来，我可要发火了，也许他发生了什么事，我等一下打电话给他看看是怎么了。

练习完辨别暴躁思维与冷静思维之后，你就可以帮助孩子练习如何运用冷静思维。

向孩子解释你要和他玩的游戏：

我要告诉你一个发生在与你同龄的孩子身上的问题，然后我会读给你听，在那种情况下孩子可能会有暴躁思维，要记住，暴躁思维会使你在没有仔细考虑问题之前就立刻作出反应。我告诉你暴躁思维之后，我要你想出一个冷静思维。冷静思维会帮助你放慢脚步，不急于下定论，并且不会在还没有想好之前，就立即作出反应。冷静思维会使你向后退一步，以多种方式来看问题。可以使你在有所举动之前，先了解情况。

1. 你到了与朋友约好见面的街角，准备一起去上学，但是没有人在街角等你。你等了 5 分钟，他们还是没有来。

   暴躁思维：他们甩了我！

2. 你在店里排队等付钱。店员先给排在你后面的人结账，才来结算你买的东西。

   暴躁思维：店员讨厌小孩。

3. 你想要参加足球队，第一天练球时，你走进更衣室听到所有的孩子都在笑。

   暴躁思维：他们都在笑我。

4. 你排队在饮水机前喝水时，有人从背后推你，把你的脸都弄湿了。

   暴躁思维：有人故意推我。

5. 你把从朋友那借来的录像带借给弟弟，告诉他在 3 点以前要还给你，因为你答应要把它送还到你的朋友家。3 点 15 分了，你的弟弟和录像带仍无踪无影。

   暴躁思维：他想要给我惹麻烦。

每一个例子都有许多正确的答案。请记住，这个练习的目的就是要帮助孩子发展更完备的思维方式。如果你的孩子对上面第一个例子说出了以下的几个原因，他前进的方向就是正确的。

- 也许他们来迟了。
- 我不知道他们会在哪里。今天是否会上课迟到呢？
- 也许我来迟了，他们先走了。
- 也许他们搭便车了。
- 会不会他们都生病了？还是怎么了？
- 我还是到学校去吧！等一下再来看发生了什么事。

相反，如果孩子的反应类似下列几项，那么说明他属于暴躁思维。

- 他们一定是计划好了来向我报复的。
- 我打赌他们一定都躲着我。
- 他们不喜欢我。每一回都是这样的。

如果孩子以新的暴躁思维取代旧的暴躁思维，可以问他如果他相信新的思维，那么他会如何反应？当他描述完他的举动之后，再问他是否觉得这是处理问题的最佳方式？然后帮他建构一个冷静思维的模式，使他可以坦诚地面对问题。

第二步：摄取观点

当孩子能够放慢脚步，以冷静思维代替暴躁思维之后，他就可以学习解决问题的第二步，也就是摄取观点。你可以用以下方式来解释摄取观点：在我们决定如何应付与旁人产生的矛盾时，首先，我们必须了解对方的想法以及行为的原因。例如饮水机事件，为什么汤姆会撞到你？如果汤姆不是故意的或这根本是一次意外，那么多数人会以不同方式来应付这种情况。告诉孩子，**了解对方行为的最佳方法就是从对方的角度来看待事情。**然后，你就可以像福尔摩斯一样寻找线索与证据，问孩子有哪些线索可以帮他找出汤姆碰到他的原因。

找出其他人的看法与感受的一种方法就是看他们脸上的表情。如果汤姆看起来不好意思或是害怕，你认为你被推的原因会是什么呢？如果他看起来不好意思，那么这可能是个意外。如果汤姆看起来很生气，那么他可能是故意的。

告诉孩子：另一个得到线索的方法就是直接提问。告诉孩子他可以问汤姆哪些问题，来帮他找出被撞的原因。他可以问“你为什么要这样做”或是“发生了什么事”。问问题可以帮你获得相关证据。

现在，利用下面的练习帮助孩子练习站在对方角度观察事情。大声读出这个练习，让孩子说说这三个人在想什么。

凯莉就快要上六年级了。她和她的朋友茱蒂决定将头发剪短。当她们走出理发店时，碰到她们的朋友艾力克。艾力克告诉茱蒂说他很喜欢她的新发型。艾力克只对凯莉说：“你好吗？”凯莉觉得很烦，就没有回艾力克的话。茱蒂告诉凯莉说她觉得凯莉剪的头发看起来很好看，但是回家的路上，凯莉一句话也没有说。茱蒂本来那天晚上要打电话给凯莉的，但是她没有打。

凯莉为什么生气？她在想什么？________________。

为什么艾力克说他喜欢茱蒂的头发，但是对凯莉的头发没有说任何话？他在想什么？____________________。

为什么茱蒂没有打电话给凯莉？她在想什么？____________________________________。

练习摄取观点的另一种方法是利用你们两个人之间发生的冲突。当你与孩子对家里制定的规矩或该做的家务有异议时，试着对换角色，来了解对方为什么会这样做。找一个与下面例子相似的情况。柯里想要拖延洗碗的责任，以下例子可以告诉你如何应用这类时机教导孩子摄取观点。

妈妈：柯里，这是我第三次叫你去洗碗了。我可不想再叫你了。

柯里：哎呀！妈妈，好了啦，我等一下会去洗，它们又不会跑掉，不是什么了不起的事嘛！

妈妈：好吧！柯里，让我们暂停一下。关于这件事，我们之间显然有分歧存在，让我们试试别的方法，我换作是你，你就是我。

柯里：你在说什么呀？

妈妈：好啦！好啦！让我们互换角色。真的，你过来，站在这里，我去坐在沙发上。（妈妈倒在沙发上，把她拿的厨房手套交给柯里）我先来看看我是否了解你的看法，好……我是柯里，我不要洗碗，因为现在正在播我最喜欢的电视格斗节目。而且我整个下午都在做功课，好不容易做完了！现在我才可以看我最喜欢的节目。虽然今晚该我洗碗，可是我想我应该可以等看完节目再去洗碗。对不对，柯里？我有没有漏掉什么？

柯里（眨着眼睛大笑着说）：不错啊！但是你忘掉我花了几乎一个小时的时间帮爸爸做他那件发神经的事，它并不是我的分内事呢！

妈妈：好吧！我今天早上还花了一个小时帮爸爸做他那件不算天才的事，还不算我的分内之事！好了，该你了。你站在我这边来描述我的情形。

柯里：好！（尖声尖气地说！）你们每个孩子在家都有你们该做的事，有好多次该你们做的时候，都没有去做。尤其是那个讨厌的班哲民，到最后我总是得不停地念叨他。我其实也不喜欢念叨的。怎么样？

妈妈：好！还有，因为通常到最后都变成我自己去做那些事，所以我也会生气。

柯里：好！有时候，你们这些孩子不做你们该做的事，最后都得我自己去做，这让我很生气。

与对方互换角色，妈妈和柯里打破了紧张的局面，并且互相了解了对方的行为。最终通过这个方法，他们得以达成协议。星期四，柯里可以看完电视后再洗碗，但是星期二，吃完晚饭后他就要洗碗。他们都觉得了解了彼此，并且对新的安排感到满意。

你也可以来玩“摄取观点”的游戏。当你与孩子一起看录像时，如果演了好几分钟都是关于主角的话，停下录像，根据刚才看到的，要房间内的每一个人来猜测配角的想法与感受，然后继续看影片，看看谁的猜测与电影中的角色表现最相近。如果猜测结果相近也可得分。这项游戏可以帮助孩子从行为中寻找线索，从而看出旁人的想法。

第三步：建立目标

解决问题的第三步就是确定你希望发生的事，即建立目标，然后列出可以促使目标达成的行为。告诉孩子，目标就是你想要发生的，所以你要尽力去做，使它发生。例如，你与朋友发生激烈争吵，而你的目标是要维护友谊，那么你可以道歉，为他做些特别的事，或是答应不再做令他烦心的事。

告诉孩子，在饮水机旁被汤姆撞到的人，可以有许多不同的目标。有人可能要确保汤姆不再撞到他，有人可能要维护与汤姆的友谊。告诉孩子，在他想出如何解决问题之前，首先他必须确定目标。在建立目标之前，他需要尽可能地从对方的角度来了解事情。

孩子定出目标之后，应该列出所有可达成目标的方法。许多孩子选定一条路径，当路径不通时就会被困住动弹不得。你的孩子应该列出所有他自己有的或是他想象别人有的途径。寻找解决问题的最好办法，就是对古怪可笑的主意不予批评。然后将不切实际的主意或是会引起其他问题的主意抛弃，或者孩子不愿意去做的主意也不予以考虑。

以下是两个问题以及孩子对问题产生的看法。要孩子根据看法，想出一个目标以及所有可以促使目标达成的方法。

问题1：巴比拿到数学考试成绩，看到自己得了B。当他再看一遍时，他发现老师把分数加错，他应该得A。

如果巴比想："我的老师是故意的，她不要我拿到A。"

巴比的目标可能是：________________。

巴比可以做以下的事来达成目标：________________。

1. ________________。
2. ________________。
3. ________________。
4. ________________。

如果巴比想："她一定是算错了。"

他的目标可能是：________________。

他可以做以下的事来达成目标：________________。

1. ________________。
2. ________________。
3. ________________。
4. ________________。

问题2：柯德妮在餐厅排队拿午餐时，有人在她前面插队。

如果柯德妮想："也许她的朋友在她去上厕所时帮她留了位子。"

她的目标可能是：________________。

柯德妮可以做以下的事来达成目标：________________。

1. ____。
2. ____。
3. ____。
4. ____。

如果柯德妮想："她真欺负人，她以为她想干什么就干什么。"

她的目标可能是：________________________________。

柯德妮可以做以下的事来达成她的目标：________________。

1. ____。
2. ____。
3. ____。
4. ____。

第四步：选择途径

解决问题的第四步就是选择行为方式。告诉孩子，他一旦建立目标并列出所有能达成目标的方法之后，他就该决定哪一条途径可提供最佳的解决方法。决定过程的部分就是要比较每一行为方向的长处与短处。向孩子解释长处就是从某一行为中可能得到的好结果，而短处就是从某一行为中得到的任何坏结果。结果就是从选择出的举动中延伸而来的行为或是感受。在列出长处与短处时，不仅要想到眼前的结果，也要想到长期的结果。三天之后，你对这个决定会有什么样的感受？一个星期之后会因你所做的决定而发生什么事呢？如果对同一情况有两个互相竞争的目标，那么考虑长处与短处就更为重要了。例如派特指责比利作弊，比利有两个目标，一个是仍旧与派特做朋友，另一个是清楚地指出派特说谎。在此时，比较每个目标即保持友谊还是指出派特说谎的长处与短处就十分重要了。当然，长处很多而短处很少的解决方法就是最佳选择。

接下来的练习是要孩子对每一个目标列出两个途径，然后列出每个途径的长处和短处，再决定哪个途径比较好。首先请读下面的例子给孩子听。这是我们计划中一个七年级学生写的长处与短处。在他还没有把长处与短处写在纸上以前，我们这位七年级的学生很难想到结果。但是一旦将它们写下后，他就可以看出第二个解决方式的短处并不像第一个方式的短处那么差，也较不可能发生。然后他就决定如何处理冲突了。

长处与短处

你的父母出去拜访朋友，要很晚才回来。妈妈说你可以请一个朋友来家里玩。你的朋友想要开派对。

你的目标是：你想要你的朋友喜欢你，但是你也不想你的父母生气。

解决方法1：邀请学校里的两位朋友来，但是告诉他们，他们必须在10点以前离开，让你有时间在爸妈回家之前打扫房子，不让他们知道。

长处	短处
1. 我的朋友会觉得我很酷。	1. 若被发现，我会惹上大麻烦。
2. 我会玩得开心。	2. 我会觉得内疚，并因不守规则而难过。
3. 其他人会更喜欢我，会要和我在一起。我会更受欢迎。	3. 我无法叫每个人在10点以前离开，他们会因我这么早叫他们走而将我看成失败者。
4. 我不会觉得自己像个妈妈的乖宝宝。	4. 我会因为担心被捉而无法开心地玩。

解决方法2：告诉我的朋友我无法开派对，但是打电话问爸妈可不可以选一天晚上开派对。我和朋友则整晚讨论制订派对计划。

长处	短处
1. 我不会惹上麻烦。	1. 如果爸妈不答应，我就不能办派对，但是如果我要的话也可以偷开。
2. 我和朋友一起开心地做派对的计划。	2. 除非有派对，否则我的朋友不愿意来，所以我独自在家。
3. 我为正确地处理事情感到骄傲。	3. 我的朋友在学校里到处说我是个小婴儿。
4. 我可以开派对而且不必担心被捉。	4. 我的朋友来我家，但是我们玩得不开心。

现在让孩子做一道练习题。

你到购物中心给朋友买件生日礼物，在那里你还看中了一盒十分想要的录像带，你的钱不够买录像带和礼物。

你的目标：你想要买录像带。

解决方法1：________________

长处：	短处：
1. ________	1. ________
2. ________	2. ________
3. ________	3. ________
4. ________	4. ________

解决方法2：________________

长处：	短处：
1. ________	1. ________
2. ________	2. ________
3. ________	3. ________

4．____________________	4．____________________

解决方法__________________是采用更佳的选择。

现在让孩子用他自身的两个问题来做练习。

问题：____

你的目标：______________________________________

解决方法1：_____________________________________

长处：	短处：
1．____________________	1．____________________
2．____________________	2．____________________
3．____________________	3．____________________
4．____________________	4．____________________

解决方法2：_____________________________________

长处：	短处：
1．____________________	1．____________________
2．____________________	2．____________________
3．____________________	3．____________________
4．____________________	4．____________________

解决方法__________________是采用更佳的选择。

第五步：是否有效

解决问题的最后一步就是检查方法是否有效，有时候即使使用了第一步到第四步的仔细思考与计划，解决方式仍不见得如我们想要的有效，你应该告诉孩子不要就此放弃。如果他第一个计划不成功，结果并不是他想的，那么他可以从所列的单子中，选择另一种方式，再试一次。

从第一步到第五步

和孩子做完每一步的练习后，利用以下的假设，大声地来练习解决问题的整个过程。以下是要注意的重点，如果孩子不记得每一个步骤，你要提醒他。

- 第一步，放慢脚步：停下来想。用冷静思维思考问题，不要用暴躁思维。
- 第二步，摄取观点：从他人的角度看问题。
- 第三步，确定目标：选择目标并且列下所有可能途径。
- 第四步，选择途径：每一条途径的长处和短处是什么？
- 第五步，是否有效：如果解决方法无效，再试另一种。

1. 有一天晚上，蓝迪的妈妈走进他的房间对他说："你爸爸要你和弟弟与他一起过节。可是我觉得你们应该留在这里，我告诉他不行，可是他实在很想要你们去。所以我们决定你去看爸爸，你的弟弟留在这里和我一起过节。我就是要告诉你，我们所决定的事情。"

2. 罗娜班上的一些小孩，每天都在上学的路上捉弄罗娜。有一天他们抢走罗娜的作业本，大笑着跑开了。罗娜不敢告诉老师，因为怕其他的孩子听到后，会更加捉弄她。上课的时候，因为没有交作业，老师批评她，还说要打电话给她妈妈。

3. 雷克正准备要向全班展示他的科研计划。他研究的是乌龟的发育过程。开始演讲的时候，他发现小乌龟和乌龟妈妈都不在盒子内。他扫视整个教室，也没有看到它们，他的老师站在教室的另一头说："雷克，我们不可能一天都在等你。"

4. 卡特琳娜在放学回家的路上，看到班上两个很酷的孩子在巷子里。她跟他们招手，然后看到他们正在抽烟。她不知该如何是好。她想要让他们喜欢自己，但是她觉得抽烟是不好的。他们说："嗨，卡特琳娜，要不要抽一口？我喜欢你的夹克，是在哪里买的？"

5. 马尔科姆的老师下课后叫住他，并告诉他说他的英文成绩越来越差。老师觉得马尔科姆课后花太多时间练习篮球，并且觉得他应该退出学校的篮球队。老师告诉马尔科姆，如果他不自己请辞校队的话，老师会去找教练，要教练将他裁掉。

社交技能

要坚定自信

易患抑郁症的孩子很难将他们的欲望以清晰有力的方式表达出来，尤其在他们觉得抑郁、退缩或生气易发火的时候。他们可能过分被动或过分敌对，导致不够坚定自信。不论孩子将解决问题的五个步骤练习得多好，如果他太被动或是过于挑衅的话，那么在他实际应用解决方法时都不会十分有效。坚定自信是被动与挑衅之间的平衡点，通常也是最有效率的策略。

卡拉是一名六年级学生，她描述了自己如何应用自信。

我与我的朋友发生了一次争吵。事情是这样的：达琳原来是要和我的家人一起去激流划艇的，我们准备去露营，然后坐橡皮艇顺流而下。每一件事都计划好了。我妈妈还特别去买达琳喜欢吃的东西。在我们要离开的前一天，达琳打电话来说她生病了，不能去。我很失望。因为她去的话，会更好玩的。但是这并不是我们吵架的原因，吵架是因为我回来后，珍娜告诉我她在法兰妮的舞会上看到了达琳。她说达琳跳舞时一点也不像生病的样子。我听了真的非常生气，只想立即大骂她。

但是我记起了我们在宾夕法尼亚预防计划中学到的东西。丽莎教我们怎样以坚定自信的方式说话。所以我尽量冷静，没有去骂达琳。我停下来想了想，然后打电话给她。我告诉她我对某件事很生气，想要和她谈谈。然后我告诉她说我很失望因为她不能和我们一起去玩，但是我没有生气，因为生病是没有办法的。然后我告诉她珍娜告诉我的事，并告诉她我听到后很生气。我说她要和我们一起去玩让我很兴奋，而我的爸妈也特别安排要让她玩得开心。然后我告诉她我感到很伤心，并问她为什么要假装生病。这样说对我来讲是很不容易的，因为我只想去骂她，可是我没有那么做。我想一切都还不错，她变得很安静，然后开始道歉。她说她不是有意要说谎，但是要告诉我真正原因又觉得很愚蠢。她说她对激流划艇感到很害怕，她从来没有去过，她害怕她会掉到艇外，撞到石头或者其他的。我可以理解她说的，尤其是我哥哥总是告诉她激流划艇是多么危险。和她谈过之后我真的觉得好多了。我告诉她如果她告诉我真相的话，我就不会如此生气了。她说下一次她会告诉我真相的。

以下是坚定自信心的四个步骤。首先，告诉孩子你要和他扮演角色表演短剧。以下三篇短文处理的都是同样的情况：一个孩子计划与朋友一起去逛街，朋友在最后一分钟说不去了，这个孩子很生气。但在每一篇短文中，孩子们以不同的方式处理气愤。请将每一篇短文大声读出。

恃强凌弱的布兰达（侵略性）

欺负人的布兰达与她的朋友乔伊约好放学去逛街，乔伊有很多次在计划好后的最后一分钟改变了主意。

布兰达： 准备好搭车去逛街了吗？

乔　伊： 啊！很抱歉！托尼前一两天打电话给我，我们准备到他家去玩任天堂。抱歉，我得去他家了。

布兰达： 你当然觉得抱歉，你总是这样对我，我什么事都不能靠你，看我下次还要不要邀请你。下一次，我会与那些能够守信用的人一起做计划，你是个坏人也是个坏朋友，我不能就这样算了的，我会报复的，等着瞧吧！

乔　伊： 来呀，我可不在乎。

读完短文后，问孩子他对布兰达处理自己失望情绪的做法有什么想法。问孩子他觉得这样做会使情况改善还是恶化。

现在来读关于被动的彼得的短文。

被动的彼得（被动性）

彼得与他的朋友乔伊约好放学后去逛街。乔伊有许多次在做好计划后的最后一分钟改变了主意。

彼得： 准备好搭车去逛街了吗？

乔伊： 啊！很抱歉。托尼一两天前打电话给我，我们准备到他家去玩任天堂。抱歉，我得去他家了。

彼得： 噢！

乔伊： 好好去逛街吧！

彼得： 啊……好。

问孩子他觉得这个短文如何。当乔伊告诉彼得他另有计划时，彼得做了什么呢？你觉得只是说好，会使情况变好吗？你觉得下一次他们做了计划后，会发生什么事呢？乔伊可能又会像这样不体谅他人而另做其他打算。

问孩子如果不像布兰达或是彼得那样做，他还可以怎么做呢？然后再读以下的短文。

有话直说的珊曼莎（坚定自信）

珊曼莎与她的朋友乔伊约好放学后去逛街，乔伊很多次在做好计划的最后一分钟改变主意。

珊曼莎：准备好搭车去逛街了吗？

乔　伊：啊，很抱歉！托尼前一两天打电话给我，我们准备去他家玩任天堂。抱歉，我得去他家了。

珊曼莎：乔伊，我真的觉得很抑郁。最近你常常改变主意。我想这就是说你不愿意花时间与我在一起。这使我很伤心。

乔　伊：抱歉！我想我没有考虑到这些。

珊曼莎：下一次，如果你能够守信用的话，会让我的心情好过一些的。

乔　伊：好啊！我会尽量不再这样做的。要不要改到周末去逛街呢？

珊曼莎：好啊！

问孩子他觉得有话直说的珊曼莎的做法如何？当乔伊说他另有计划时，珊曼莎怎么做？你认为布兰达、彼得和珊曼莎三个人中，谁的心情会最好？你认为谁处理得最好？

珊曼莎所做的事中有四点表现出了坚定自信。请务必将每一个步骤都教给孩子。首先，珊曼莎形容使她不高兴的原因，她告诉乔伊说她觉得乔伊最近时常改变计划，请注意她是如何说的。她没有大声叫骂，也没有哭。她没有责怪乔伊，只是尽量清晰地叙述情况，就像在 ABC 模式中孩子所学的如何描述发生的事件一样。她应该只形容发生的事情，而不要加入自己的想法或是感受。

接下来，珊曼莎告诉乔伊她的感受。她说这种情况让她感到抑郁。同样，她没有责怪乔伊使她觉得抑郁。她只是尽量清晰地描述感受。立即责怪乔伊只会使他反抗。

然后，珊曼莎说她要乔伊改变，她告诉乔伊下一次要遵守约定，或是若要改变计划要及早让她知道。同样，她很详细地让乔伊知道她要他做的事情。

最后，珊曼莎说乔伊的改变会如何使她心情舒坦。她说如果乔伊照她的话去做，她觉得比较开心；如果乔伊要她开心的话，他就知道该怎么做了。

怎样坚定自信

现在你已经准备好与孩子来练习这些步骤了。告诉孩子你还有其他的短文，但是这些短文的对白没有写出。你将短文读出，然后让孩子像有话直说的珊曼莎一样做完四个步骤。

请记住这四个步骤：

- 第一步，描述情况：只要描述事实。
- 第二步，述说你的感受，不要责怪对方。
- 第三步，要求一个特定的小改变。
- 第四步，述说这项改变会使你有什么样的感受。

1. 你的爸爸有时当着你朋友的面叫你“毛毛”或其他小名，这让你觉得很难堪。

2. 你的妈妈最近常因你做错的小事，向你叫骂。当她骂你时，你觉得很伤心，你希望她能好好地告诉你做错的事，而不要大骂。

3. 星期五晚上，你和你的朋友约翰约好了要一起去看电影，但是约翰要看一个你已经看过的电影。约翰总是说除非你照他的意思去做，否则他就不去，因此通常都是你迁就他。你觉得该轮到他迁就你了。

4. 你正在考社会科学，班上的一个同学要抄你的答案。

你不想让他抄你的试卷。你花了很多时间准备，而且也怕老师以为是你抄袭而给你坏分数。

5. 一个高中生问你要不要抽大麻，他叫你“胆小鬼”。你不想抽大麻，并且对他这样问你感到厌烦。

6. 一次考试中，你的老师给了你一个 D，你觉得不公平。因为考试范围涉及了老师说不会考的部分。你想要去告诉老师你的感受。

7. 学校有一个孩子，每天午餐时都嘲笑并捉弄你。你要他不要再吵你。

8. 一个男孩拿了你的作业，并当成是他自己做的交给老师。你要质问这个学生。

9. 你正在看电视，你的爸爸走进来，没有问你就转换了电视频道。

很少有孩子或成人可以立刻将这四步做得很好。在接下来的几个星期里，不断练习会渐渐增加孩子坚定自信的能力。

如果你的孩子属于十分害羞或是十分冲动的类型，你也许可以多做交换角色的练习。利用孩子遇到的任何情况，要他和你一起练习他想要说的话。

卡尔是四年级学生，成绩总是 A 和 B，他是个聪明、安静又有些害羞的孩子。有一天放学回家后，他说他对老师感到很失望，并且跟祖母讲述了这样一个故事。

卡尔： 雷德老师不公平。她现在都让吉尔做那些有趣的事，像是布置布告栏和画壁画。吉尔几乎不必做其他任何事，以前都是我在做这些事的，但是自从我的拼写得了 C 以后，雷德老师就不再让我做了。我讨厌学校！

祖母：你讨厌学校所有的事吗？慢慢来，卡尔。我可以看出你很不高兴，听起来你该和雷德老师谈谈。明天你可以和她谈谈吗？

卡尔：我不要……我想她不会有时间的。

祖母：万一她有时间的话，让我们来练习一下你要和她说的话。我当雷德老师，你来告诉我你想要说的话。

卡尔：好吧！雷德老师，我想多画些壁画。

祖母（扮演雷德老师）：抱歉！卡尔，吉尔已经都画好了，也许下次吧！

卡尔：你看，她就是会这样说，还是算了吧。

祖母：卡尔，不要放弃，你还没有告诉她你烦心的事呢！你能不能做得到呢？把今天下午你走进来告诉我的那些话告诉她。

卡尔：好吧！雷德老师，为什么我不能再画壁画呢？你总是叫吉尔画，这看起来不太公平。

祖母（扮演雷德老师）：啊！卡尔，因为你的拼写不太好，我想你也许需要多些时间读书。

卡尔：那是因为上星期我生病的关系，我的拼写没有问题的。

祖母（扮演雷德老师）：嗯，我不知道，让我们来做个约定吧！卡尔。如果在接下来两次小考中，你都能有85分以上的成绩的话，我会让你多画些壁画和布置布告栏，这样我就知道你是否需要多花时间练习拼写了。

卡尔：好的。但是，祖母，如果她不像你这样说的话，该怎么办呢？

祖母：她不会完全像我这样说的。卡尔，但是你将自己的想法解释得十分清楚，你为什么不这样告诉她，然后再看看会发生什么事呢？

如果你有勇气的话，你可以鼓励孩子想出一件他希望家里发生改变的事来问你。先告诉他你不一定会改变任何事，但是你会耐心地听他讲完而不生气。提出四个步骤，然后让他直接跟你做练习。

谈判

到目前为止，你已经教会孩子如何以坚定但不得罪人的方式表达自己的意见。但是如果对方不同意他的想法呢？或是对方有不同的目标呢？例如，假如你的孩子与他的朋友有一整天的时间在一起，你的孩子想要去看电影而他的朋友要去逛街，这又该怎么办呢？在这些情况下，孩子必须找出双方都觉得可行的方法，他必须能够妥协。告诉孩子你将要读一篇两个人如何达成协议的短文。

杰夫的宵禁

杰夫：妈妈，丹尼刚刚打电话来，他问我去不去他家看《忍者神龟》和《魔鬼总动员》。我可不可以去？

妈妈：当然可以，只是要记得8点以前打电话来，我好去接你，因为我们明早要和祖母一起吃早餐，所以今晚不能玩太晚。

杰夫：8点？像我这样大的孩子，没有8点就回家的。我们没有办法在8点以前看完两部电影。丹尼会认为我是世界上最老的小婴儿。唉，妈妈……你从来都不让我玩得开心。

（杰夫跑进他的房间。）

妈妈：（看起来有些烦恼，慢慢地走到杰夫的房间，敲着门）杰夫，我想我们该谈谈这件事。

杰夫：没有什么好谈的，你是世界上最凶的妈妈。

妈妈：杰夫，如果你是这样的态度的话，就算了。你可以整晚坐在家里，错过两部电影；或是你打开门，我们可以想出个方法！我们可以商量商量。

（杰夫打开门。）

妈妈：现在让我们来谈谈。你觉得看电影要花多少时间？

杰夫：每一部电影大概两个小时，如果我们还要做爆米花的话，大概会到半夜。

妈妈：半夜？你一定是在开玩笑。如果你那么晚才睡，明天到祖母那里你会没精神的。早餐时你就会不开心，这样对祖母或对我都不公平，对不对？10点怎么样？如果到时候你们还没有看完两部电影的话，你可以明天再去丹尼家看。

杰夫：我想这样可以，反正丹尼的爸妈也不准他到半夜还不睡觉。

告诉孩子妥协的过程叫作谈判。**谈判中第一件要做的事就是确定在合理范围内孩子想要的是什么。**因为没有人可以得到他想要的一切，向孩子解释他必须找出他能够达到的范围。例如短文中的杰夫想要在他朋友家待到深夜12点，但是第二天早上他必须早起，并且他的朋友通常也不被准许那么晚还不睡，杰夫也许根本不能得到他想要的。问孩子杰夫可以提出什么样较为合理的要求。

告诉孩子，决定他想要的之后，他就需要提出要求。提醒他，进行过有关坚定自信的练习后，在这方面他已经是个小专家了。

下一步就是倾听对方想要什么。告诉孩子他必须要仔细听。虽然他不同意对方所说的每一件事，但他可能同意某一些事。如果有他同意的事，他就应该告诉对方。让孩子描述妈妈同意杰夫的哪些要求了。向孩子解释杰夫的妈妈同意他看两部电影，但是不同意他那么晚睡。妈妈听他讲，然后告诉杰夫她同意的事。

当双方都说完他们想要的之后，你就该准备妥协了。你要问自己：我愿意放弃哪些东西来达成协议，并得到一些使我开心的东西？要孩子描述杰夫妈妈建议的妥协方法。

告诉孩子当他告诉对方他的协议时，他可以说“假如你可以……我就愿意……”，这样就可以清楚地告诉对方这是你提议的妥协。对方可能立刻同意，或者说“不行”，或是提出不同的妥协方法。要孩子描述短文中发生的妥协。

告诉孩子如果对方不能立刻同意，他可以提一个不同的方案。鼓励孩子再仔细想出其他可能有效的方案，**但是要慎重地提出。**有的时候，尤其是对父母和老师，他们可能无法找出对方可以接受的妥协方式。像这种事发生时，孩子至少可以让对方知道他愿意说出自己的意愿，并且愿意尽力使事情圆满，并为此而感到自豪。

妥协

利用下面的例子和孩子练习妥协。读出练习题，然后让孩子开始进行有关谈判的练习。做完每一个假设情况之后，与孩子进行回馈性讨论。他是否过于挑衅？是否太被动？提议是否合理？有没有仔细聆听对方所讲的内容？

谈判的重点如下：

- 第一步，弄明白在合理范围之内你想要什么。
- 第二步，提出要求。
- 第三步，仔细聆听对方想要什么。
- 第四步，会谈判，愿意妥协，提出建议。
- 第五步，继续寻找公平交易，使双方对妥协方式满意。

1. 比尔是吉米的男朋友。今晚比尔想要去参加他朋友的派对。吉米不想去，因为她不认识那些人，也不想和一群男生在一起。

2. 桑德拉刚开始看电视上播的电影。她的姐姐带了个朋友回家，说他们租了录像带，要立刻看。

3. 史格特的父母叫他今晚在家照顾他的妹妹，因为他们要出去吃晚餐，而史格特已经受邀去朋友家过夜。

4. 达琳的妈妈带她去买上学穿的衣服。当她们到店里时，达琳看到一套十分喜欢的衣服，但是妈妈说她不会买，因为裙子太短，不适合穿到学校。

5. 莎莉向哥哥泰德借足球，想和朋友到外面玩。泰德不想把球借给她，因为上一次她用完后，把球留在外面淋雨。

6. 达瑞安每星期必须做5件家务，他的父母付他两美元的零用钱。今年冬天，下了4次雪，每一次达瑞安都独自将车道的雪铲干净，尽管这不在他应做的事情之内。达瑞安想要买一张新CD，但是他的父母说他必须存到足够的钱后才能买。

7. 乔西这个星期每天晚上都在练习学校要演的戏。星期六她想和朋友去逛街，但是她的爸爸说不行。因为他怕乔西会感冒，而且整个星期她做功课都做到很晚。

当父母发生冲突时

到目前为止，我都很注重孩子如何解决问题、如何申述自己的意见以及如何谈判。虽然有了这些技能，冲突仍会继续发生。父母会争吵，兄弟姐妹也会争吵，这类冲突是无法避免的，所以我在这一章的结尾，要给父母一些建议。

虽然某些冲突经验是学习处理冲突所必要的，但是冲突过多，或是过于毁灭性的冲突对孩子是不利的。研究结果显示，即使很年幼的孩子也会因父母之间的冲突而遭受到严重伤害。未及学龄的幼儿对父母间的敌意，有生理上、行为上及心理上的反应。甚至以非言语方式表达对立意见，也会使幼儿不愉快。但是避免冲突并非最佳答案，即使最要好的朋友或相爱甚深的人之间都会有意见分歧的时候。异议是日常生活的一部分，而孩子须与一位懂得如何处置冲突的典范一起长大。研究结果也同时提出了一些可以减轻因争吵而受伤害的方法。以下是一些你应该遵守的指南：

- 不要在孩子面前使用暴力，包括摔东西或是用力地大声关门，这样的举动会使孩子很害怕。
- 不要在孩子面前以永久性和普遍性的方式批评配偶。例如："你爸爸这一辈子都会不值一文钱"，"你妈妈是个自私的女巫"。
- 不要对你的配偶持"不理睬政策"而以为孩子不会注意到，孩子会感受到这种不和谐，就像能听到大声互骂一样。
- 不要强迫孩子在父母之间做出喜欢谁的选择。
- 不要在孩子面前争吵，除非你打算在争吵中结束争吵。
- 用正面的字眼来表达你的心情，用坚定自信的方式而不要用侵略性的方式来表达。
- 尽量控制气愤，放慢脚步，花些时间使自己冷静下来。
- 在孩子面前解决冲突并且和好，这样会使孩子了解冲突是爱情中自然的部分，并且是可以解决的。
- 如果在孩子面前批评配偶，请用批评特定行为的言语而不妄用总括性、个人性的言语。例如："当你爸爸工作很忙时，他就会这样发脾气"，"当你妈妈花这么多时间时，我就会生气"。
- 不要将孩子扯进某些话题。与配偶约好，争吵时，有些争吵内容不要让孩子知道。

第五部分　最快乐的孩子

The Optimistic Child

第13章

乐观的金字塔

温暖与热情的气氛、清楚的安全信号、无条件的爱但有条件的奖励，以及许多美好的事情都会增加孩子生活中正面积极的力量。孩子有了掌控感作为自身发展的基础，有正面积极的情绪作为中坚力量，乐观的解释风格就可以稳坐上层了。

A Proven Program to Safeguard Children Against Depression and Build Lifelong Resilience

在费城的一个炎热的星期六，室外的气温将近 37 摄氏度。我拖出水管，将喷水器打开。我太太曼迪和三个孩子也很快从屋里出来了。5 岁的罗拉和 3 岁的妮基脱掉衣服，很快地跑到水管附近，高兴地大声尖叫。11 个月大的达里尔朝着水管的方向爬过去，坐在喷得到水的池沿上。

当第一次水花转来喷到他时，他看起来很吃惊；20 秒之后，第二次水花转来，他看起来不知所措；第三次水花转来时，我们听到他呜咽的声音；第四次水花转来时，他就开始哭了。达里尔平日相当好奇和强壮，他的哭声使曼迪立刻采取行动。首先，她将喷水器转小几格。

曼迪蹲在达里尔的后面，在他的耳边唱着："滴滴答答，滴滴答答……"她的音量随着水花的到来而加强。达里尔不再哭了，下次水又来时，他已唱着"滴滴答答"。经过几次后，达里尔开始笑了，又回到了平常惯有的愉快心情。曼迪将他拉起来，嘴里还是不停地"滴滴答答"，她拉着达里尔的手指，轻轻地碰着水花的外缘。下一次水来的时候，达里尔慢慢地将手指伸去，水花喷到他的手时，他就笑了。再接下来的一次，他用双手去捉水花，看到满手的水就开心地笑了。然后他摇摇晃晃地走进水花中间，不到一分钟，他就加入姐姐们的行列，一起乱跑大叫，最后还欢喜地将喷水器拿在手中挥舞。

曼迪正为达里尔建立一生乐观的基础。对婴儿、正学步的儿童和学龄前儿童的做法与宾夕法尼亚预防计划所用的技能大不相同。很明显，这是因为年龄很小的孩子还没有认知技能来指出和反驳自身的看法。对如何建立幼小孩子的乐观风格有三项原则，这些原则是从习得性无助的研究中得来的，那就是：**掌控感、积极情绪及解释风格。**

首先，我要指出这本书与多数教养类图书的不同。简单地说，它比其他书更完备。到目前为止，我给你的12章忠告都是在对儿童进行仔细及大规模研究的基础上得来的。虽然我采用许多有趣的故事来描述我的基本观点，但是这些观点却是从大量利用了控制组、长期追踪、瞻望研究、纵向研究设计以及严格的统计方法的研究中发展而来的。我对证据的标准要求很严。普遍的“专家”提供的养育子女的建议多半不符合标准，普遍的建议来自临床和父母的观察，企图符合政治理想以及感性的故事也是一样。我选择一种更负责任的方式，因为在儿童乐观这一方面，的确有符合我的标准的许多研究。

但是当我要做年幼儿童的研究时，我却找不到足够的采用了控制组、瞻望研究及长期追踪的研究做证据。所以我在本章所叙述的，会比其他章节更富猜测性，更依赖于原理及结构。父母的“智慧”及临床的“预感”在本章的分量也同样增加了。多半的例子来自我的家庭。虽然如此，我们仍然可以描述强而有力的故事，它的中心观点就是掌控。

掌控感

妮基10个月大时，有人给了她一个有趣的八角形盒子，盒子的每一面都画着一个不同的动物。当她把一面转到上面并且向下按时，如果那一面画的是狗的话，就会有个声音说“你找到了狗”。有控制声音的能力使妮基很开心，她为什么会知道在狗的图片上按一下，就会有声音呢？她是根据以下两点判断的：第一，她每一次按狗的图片就会有发出声音的可能性（因为玩具的设置有些缺陷，并且需要正确按法，所以发出声音的可能性虽高，但并非每一次都这样）；第二，这很重要但常被忽略，那就是如果妮基不按狗的图片的话，会发生什么事？那就什么事都不会发生了。妮基按图片时比她不按图片时，发出“你找到了狗”的声音的几率更大，她就控制了发声。假若妮基不按图片，“你找到了狗”的声音仍然发出时，妮基就会判断她没有控制发声的能力。

这个玩具后来坏了，偶尔在半夜里，我们会被“你找到了狗”的声音吵醒。从那个时候起，不管妮基是否按狗的图片，都可能发出声音。这个声音成为不可控制的，而不依赖妮基按或是不按，因此妮基也就对盒子失去了兴趣。

没原因或是不可控制的情况会造成消极与抑郁。数百项习得性无助的实验指出，动物（包括人类）在经历不可控制的情况时，就会学会放弃。相反，可控制的能力可产生行动来抵抗抑郁。某一特定行动产生一种结果的几率与没有任何行动就可产生结果的几率，就是区别掌控与无助的关键。不论是否有动作，结果都是相同的，且不可控便会产生无助。老鼠遭受不可避免的电击时，它的任何举动都是无效的，即电击的发生与它的反应无关。八角形盒子失去控制时，妮基就变得无助，无论她怎么做，都不能改变可听到“你找到了狗”的几率。相反，掌控来自行为与结果之间的相倚性。在不同的老鼠实验中，如果老鼠按一块板子就可以关掉电击，老鼠会因此而有控制力，即掌控了电击。当妮基按狗的图片而产生“你找到了狗”的声音时，她就有了控制力，并且有掌控的经验。

早在孩子尚未能说话之前，就已经对事物间有无相倚性十分敏感。婴儿掌控了一件事，即他的行动与结果有关联时，婴儿会喜欢这件事并变得更积极。婴儿的无助通常发生在他的行动与结果没有关联的时候，这会使他悲哀或是焦虑，从而变得消极。婴儿发笑不是因为拨浪鼓的声音，而是因为是他在摇动拨浪鼓。

25 年前一项经典实验就证明了这个事实。约翰·沃森（John Watson）是加州大学伯克利分校的发展心理学家。他每天给 3 组 8 个星期大的婴儿一种特定的枕头 10 分钟。掌控组内的婴儿只要用头压在枕头上，婴儿床上挂着的玩具就会旋转；无助组内的玩具，不管婴儿是否压枕头，都在旋转；第三组内的玩具则是不会动的。掌控组的婴儿在玩具转动时，很明显，他们会笑和发出声音。无助组的婴儿，在玩具旋转时，仍旧保持被动，没有显示任何情绪的转变。这项实验曾用不同玩具以及对婴儿讲话等不同方式重复进行，结果都是类似的。**即在孩子掌握控制权时，会增加他的喜悦及行动，而无助则会造成负面情绪及被动。**

我的女儿阿曼达 8 个月大时，我带着她和我的 7 个本科学生到一家小酒店去吃比萨、喝啤酒。她睡在高椅子上，直到我们吃甜点时才醒来。那时我正在和我的学生讨论有关因果关系的重要性，她用手敲桌子打断了我的话，为了证明我的理论我敲杯子来作出反应。她的脸发亮了，又开始敲桌子，我的学生们也敲着刀叉来反应。阿曼达也应和着再敲，我们都一起互相应和地敲着，这样继续了大概有 10 分钟。其他的客人一定觉得很奇怪，一个婴儿，以阵阵笑声控制了 8 个大人的行为。

当曼迪一点一点地增加达里尔被水喷到的机会时，她就是给予达里尔一些对“被水喷”的控制力。曼迪以“滴滴答答”的声音来预测水花的到来，消除了达里尔的恐惧感，并且允许他以向前或是后退的行动来控制被水喷到的程度。每天父母都有好多次类似的机会来加强幼儿的掌控力以预防无助。当情况发生时，可以运用两种策略，就是分层进行和选择。

在孩子面对新的任务时，事情常常看起来很艰难。**要尽可能地利用微小的、可达成的步骤将挑战分层，首先以他容易控制的程度来开始进行。**像是将喷水管的水势转小，等到他不怕时，再将水开大一点。分层进行的程度当然应该视年龄而定。8 个月大的婴儿第一次进入游泳池时，不要一下子就将他放入。先让他在一寸水深的地方玩，然后再进到两寸水深中。教 3 岁的幼儿潜水时，先在不到一米深的池底放一枚硬币，他只要将头沉在水里，张开眼睛就可以摸到池底的硬币。然后再将硬币放在两尺深的地方，他必须将脚离开池底才能抓到硬币。当他待在水里的时间延长了之后，再将硬币放在将近一米深之处。现在他必须脚离池底潜入水中，才能拿到硬币。

要尽可能给予孩子最多的选择。一旦孩子可以表达好或不好时，就要尽量给予选择。例如，不要只是喂他吃，将食物放在他的眼前，等到他表示要吃时才给他。问他是要这个还是那个。对他的拒绝也要有心理准备。

在孩子的生活中，父母有很多机会加强孩子的掌控力。

探险与游戏

孩子一出生就开始探险，而且是整个儿童时期都在探索。在游戏中可以激发孩子最潜在的控制能力，因为游戏中具有自然的正面回馈循环，它同时具有掌控外在风险的最大潜能。当孩子成功地控制了新的事物或是技能，他就会尝试新的行动来扩大他的控制力，这可能会带来更多的成功、更大的掌控感和更多的探险。探险也有一种潜在的负面回馈循环的倾向。当孩子因失败而感到无助时，他可能下一次就不再努力去尝试，这就会减少他的控制感，而导致他更少地去探险。所以不要长时间让孩子无助地被绑在车内安全椅或高椅上。长途旅行时，要停下来，将他从车内安全椅中抱出来，并与他玩耍。你的任务就是要帮助他获得正面回馈循环。

孩子探险的区域会从摇篮扩展到玩耍的任何空间。要不断扩大安全的“玩耍空间”，让孩子探索屋内、屋外以及不同器具、事物，他就会获得更多的掌控经验。除非是在不安全的情况下，否则不要阻止或打断探险，若是有发生风险的可能，不要大惊小怪，要轻描淡写地将他转放到另一个安全地方。孩子一旦能自己坐起，就买台学步车给他。学步车可以增加他行动的范围。在屋内，用枕头和椅垫做成安全的爬行翻越障碍。在屋外，利用附近自然的小山坡和低洼处，弄一个沙坑和小水池。将走路和爬山的挑战分层进行。让稍年长的孩子骑三轮脚踏车、玩滑雪橇或溜冰，但是要十分谨慎地遵守安全规则。

玩具是探险的工具，你可以以掌控为指标来选择玩具。反映孩子行为的玩具会促进掌控，例如只有在婴儿打击或是按按钮才会动的玩具以及按到人物会发声的书。积木、盒子、婴儿体育馆、卡车、可换衣服的洋娃娃和音乐器材都是倾向掌控的玩具。让幼儿用大蜡笔、钝头铅笔、可洗掉的奇异笔，甚至是番茄酱和巧克力布丁来画画，这些都是有掌控性的活动。孩子不必行动就会发出许多声音的玩具，不会使孩子产生掌控感，比如用布做的动物、碰不到的旋转玩具、墙上的布置、收音机和电视等。

喂食与进餐时间

婴儿要吃时再喂他，不要照预定的时间表。他一旦能够表达“要和不要”时，就让他简单地进行选择。但是不要给他太多的选择。越早给他餐具越好，也给他一些用手吃的食物，从而使他获得控制感，这比脏乱与浪费掉的食物重要多了。

孩子渐渐长大时，准备食物可以不断地提供掌控感来源，可以很早就开始教他做简单的食物烹制。一岁大的孩子可以搅拌面粉和水，两岁大的孩子可以揉捏出各种不同形状。星期日早上我们做炸甜饼时，就形成了一套作业。罗拉量面粉和糖，达里尔搅拌，妮基加入水果，曼迪将饼放入油锅中，爸爸吃饼。

两岁大的孩子就可以在院子里种粮食，成熟了后自己去采。取出冰箱抽屉底层的蔬菜，埋在土里，会有你意想不到的蔬菜冒出土来。出去吃饭时，选择自助餐，让孩子选择他们要吃的食物，自己去付钱，去拿刀叉及调味品。在城里的家庭，购物也可提供掌控感。我们有一家常去的超市，可以让罗拉及妮基推着小推车购物，每一个孩子可以挑三样东西，妮基挑蓝浆果、草莓及苹果汁；罗拉选了长条起士、狗吃的饼干和面包。在收款的地方，爸爸先出去，罗拉和妮基将食品从推车中拿出，各自付钱，然后把食物袋放入汽车中。

父母在提供选择时所受到的限制是不可避免的，而这些限制也正是选择过程中一个重要的部分。我并不提倡所谓的“放纵式”，随意任性的选择会造成“宠坏”及对真实世界产生不正确的观点。我提倡给孩子选择及控制，但这并不是说在你急着上班，而你三岁大的孩子为了袜子颜色而大发脾气时，你就该随着他。在一个清楚的架构内作选择，就是学习如何在世界上的有限选择内，作出最佳决定的开端。

换尿片与换衣服

换尿片时，应该让孩子站起来，这样虽然会比较不好换，但你很快就会习惯的。这不会使孩子觉得无助。等时候到了，再训练孩子上厕所大小便。过早训练，孩子在马桶上坐很久又没有结果，会习得无助。让孩子选择他要穿的衣服，你也许不会喜欢他挑的颜色，但是他会得到掌控感。

社交与重视

孩子会觉得无助还是掌控，最主要的地方就是很早就要与其他人开始建立交往。婴儿饿了或是尿布湿了的时候，不要让他不停地哭，要尽快将他抱起。婴儿学到啼哭可以减轻不适就是最基本的互动之一。不要只在你想说话时与婴儿讲话，而要在他发声时给他反应。当一个陌生人来到你的婴儿面前时，引导婴儿对陌生人产生好奇心，将陌生人带进婴儿的世界。婴儿与可控制的陌生人比闯入的陌生人更可形成较佳的人际交往关系。在读书给孩子听时，鼓励他用手指出图片，并且说到他所指的东西。

从两岁起，培养孩子扮演成人角色游戏的能力。玩具厨房和工房、戏剧、艺术和手工艺都为发展社交控制力提供了良好机会。扮演妈妈、爸爸或是医生，可以提供代替角色的控制，尤其是当孩子扮演冲突时。我时常听到罗拉和妮基在和洋娃娃玩时说“现在你乖乖地去睡觉，如果你在 5 分钟之内还不睡着的话，我就会很生气”或者“真的，乖乖，这一点也不会痛的”。要大一点的孩子帮助照顾小的孩子，换尿片时要大的孩子帮忙拿润肤膏，或是帮祖母找录像带，都是练习控制力的好机会。

正面积极的情绪

掌控是乐观金字塔的基础一层，而正面积极的情绪就是第二层。掌控是行为上的，即孩子能够掌握结果。正面积极性则是情感上的，即在一个愉快温暖的情绪环境中长大。父母强烈地想要孩子“感觉满意”。在目前“感觉满意”的时代中，父母的这种动机更是达到巅峰。我对“感觉满意”的看法，已经在前面讲到自尊时提到，就好像我将自尊视为与世界良好交往的工具一样，我将正面积极的情绪也仅视为获得掌控的一种手段。

无条件的正面赞赏

这一代的父母常被教导要给予他们的子女“无条件的正面赞赏”。这种看法是从 20 世纪 50 年代人本心理学的领导者卡尔·罗杰斯（Carl Rogers）

对治疗的建议而来。罗杰斯的理论是，“无条件的正面赞赏”与“共情”是所有成功的心理治疗的主要部分。在当时，这种理论很受欢迎，也是解决问题的好方法。的确，凭借罗杰斯提出的观点，人们成功地找到了治疗某些特定疾病的特定心理治疗方法。20 世纪 50 年代，罗杰斯的建议被广泛接受，并延伸应用到养育儿女方面。同一时期的斯金纳（B.F.Skinner）主张：父母的处罚是无效的。美国已离开“表现满意”而走向“感觉满意”的时代，这两项建议互相吻合。“没有处罚”与“无条件的正面赞赏”很快就成为美国人养育子女的人道原则。

这些格言有哪些正确和不正确的地方呢？正确的地方是很明显的。孩子探险越多就会有越多的掌控经验。如果孩子觉得害怕或是没有安全感，他就会被限制住，回到他感觉安全但是有限的经验中去。他不冒险、不探索，也就没有掌控的经验。缺乏掌控经验加强了他的恐惧感，也更使他动弹不得。相反，如果孩子觉得快乐和有安全感，他就会去探险。这会使他开心，也因此会带来更多的探险和更多的掌控。他就成为一个名副其实的掌控机器了。

有条件赞赏

正面赞赏会驱除恐惧并促成更多的探险，因此可提供掌控感。处罚妨碍了掌控，因为它使孩子产生恐惧或者行为受限。所以我也同样赞成正面赞赏，赞成限制处罚，但是只有在这些方式能够提供掌控感时才这样做。不幸的是，这些方式在许多方面也会削减孩子的掌控感。

无条件的正面赞赏就像是它所说的“无条件的”，它与孩子的作为完全无关。掌控感是有条件的，它是完全根据孩子作为的结果，这项区别不可被轻易忽略。习得性无助的产生，不仅是来自不可控制的坏事件，它也会从不可控制的好事那里得来。当动物，包括人类，因不相关的事件而得到好处，就会产生习得性无助。不论动物做了什么，食物都会送到眼前；不论孩子是否成功，都会得到称赞，这被称为“成瘾式”习得性无助。坏事带来的无助，例如不相连的电击或噪音，被称为“厌恶式”习得性无助。与因无关联而得到坏处的人变得抑郁所不同的是，因无关联而得到好处的人会变得消极与懒散。更糟的是，即使他们后来得到了掌控感，在认同自己的处事能力方面也会有困难。

这个问题可称为“喊狼来了的父母”。无论孩子做了些什么，父母都给予奖品或奖励时，今后可能出现两种情况：第一，孩子变得被动，因为他学到无论自己做什么都会有奖励，这也是“成瘾式”习得性无助的第一个症状；第二，当孩子真正取得成就时，而且母亲也真心要奖励他时，孩子也许不能体会到成就感。因为孩子早前得到的一连串无条件正面称赞，可能使他无法从成功中得到学习。

无条件的正面称赞使父母两面为难。一方面，无条件的正面赞赏是正面的，它使孩子感觉满意，而感觉满意可消除恐惧及僵硬。孩子会冒险，更会去探索他的世界，这样又可产生更多的掌控。另一方面，正面称赞是无条件的，孩子学到不论他做了什么，都可从父母那儿得到好处，从而习得被动与消极。并且当他的行为的确有效时，也很难了解其意义，所以无条件的赞赏会削弱掌控。

安全信号

在我看，要解决两难情况必须视正面称赞的种类而定。爱、热情与关心都应该是无条件的，这些东西越多，气氛就会越积极，孩子也就会越觉得有安全感，他越有安全感也就越会去探险和掌控。但是奖励就完全不同了，**在孩子成功时奖励他，而不能只是为了要他心情好就奖励他。同时，将奖励分级，以适合孩子取得的不同成就**。不要给孩子太夸张的奖励。将高度的奖励留给主要成就，例如第一次说出姐姐的名字，或是接到旋转的足球。奖励不分级，无论孩子做得多好都给予同样的奖励，就会使他无助。这类无关联的奖励也会很快使他对你失去信心。如果任务十分艰难，孩子可能失败，那么请尽量将任务分成更小的、更易达到的几个步骤，或是在不影响结果的情况下转换活动。**但是不要掩盖失败，也不要奖励它。**

惩罚不是问题，斯金纳在这方面是错误的。将不良行为与不想要的事件形成一种联结，是消除不良行为的有效方法。这大概是行为矫正的最有效工具，已有数百个实验证明了这一点。但是实际上，孩子时常无法判断受惩罚的原因，并且会对施予惩罚的人和整个情况产生厌恶感。当这种情形发生时，孩子会逐渐变得恐惧和受限制，他也可能会为了避免受到处罚，而躲着父母。

我们可以用实验鼠对“安全信号”的反应来解释孩子为什么时常无法了解被罚的原因。在这些实验中，坏事件，例如电击，发生之前给予一个很大的声音作为信号，这个声音预示着危险的来临，老鼠会习得声音是危险的，并在听到声音时就表现出恐惧的样子。更重要的是，没有声音时，电击不会发生，没有声音表示安全，在没有声音时，老鼠很放松。危险信号是很重要的，因为它们代表安全信号（即没有危险）的存在。

这个假设就是：不使用危险信号，老鼠在无法预测的情况下受到电击，它就会总是害怕。没有可靠的危险信号，也就没有可靠的安全信号。许多实验都证实了这一假说，电击在没有任何信号之下就作用在实验动物身上时，它们就会一直缩成一团。如果同样的电击，在发生之前有一分钟长的声音提示，动物在有声音时也是吓得缩成一团，但是其余的时候，则像平日一样毫无恐惧感。

我们给孩子的安全信号时常不清楚，从而使惩罚失败。当你惩罚孩子时，必须确定危险信号（与安全信号相对）是完全清晰的。务必使孩子完全了解他的哪项行为是受处罚的原因。不要指责孩子或是他的个性，而应指责他特定的行为。**不是孩子坏（个人的、永久的、普遍的），而是行为坏（非个人的、可改变的、特定的）**。

给予孩子清楚的安全信号是很重要的。坏事每天都会发生，当你知道有坏事要发生时，比如父母早上不在家或是得去补蛀牙，你应该事先给予孩子清楚的警告。一是不要隐瞒，使孩子吃惊。当你3岁的孩子要去打预防针时，在去医生那里之前，先告诉他医生会给他打一针，会痛几分钟。在打针的前一两分钟，再告诉他一遍，医生打针会痛一下子，但是很快就没事了。如果孩子在坏事发生之前得到清楚的警告，他就会学到在没有警告时他是安全的，而且坏事大概不会发生。他会学到去医生那里普遍都是安全的，他也会学会信任你。提供危险信号并不是件有趣的事，因为孩子会害怕，也会很难作出反应。许多父母不这样做是为了避免短期的麻烦，但是这样做的长期代价是巨大的。

阿曼达一岁左右时，如果我们晚上要出去，我们就得找人照看她。刚开始，照顾小孩的人来了之后，我们介绍她们互相认识，然后趁阿曼达专心在玩的时候，偷偷地溜出去。我们第一次为人父母，也希望避免一定会有的哭闹抗议。但是这样是没有用的，我们不但失去照顾孩子的人，也令阿曼达的个性从安详转成烦躁。那时我正在做安全信号的实验，发觉没有警告阿曼达就偷偷离开，正违背了基本原则。下一次在我们要离开以前，做了一个大仪式，拥抱并唱着离别歌，然后与照顾孩子的人一起走向车子，告诉她我们3个小时后会回来，然后与她挥手道别。阿曼达理解这个意义，哭着抗议，但是我们仍然离去。以后每一次必须出门的晚上，都做同样的事，阿曼达很快地就回到她惯有的安静个性了。

温暖与热情的气氛、清楚的安全信号、无条件的爱但有条件的奖励，以及许多美好的事情都会增加孩子生活中积极的一面。但是，一个被好事包围的孩子，会出人意料地存在黑暗的心理生活。到头来最重要的就是在他的小脑袋里究竟有多少正面积极的力量。每一天会出现多少好的想法和多少坏的想法？对这个问题，有一系列打破迷信的研究。匹兹堡大学心理学家格雷格·加拉蒙尼（Greg Garamoni）与罗伯特·施瓦茨（Robert Schwartz）对不同的人有多少好想法与坏想法进行了统计，并作了比较。这是很复杂的调查，他们以不同方式来计算想法，例如记忆、幻想、随意的解释等。通过 27 项不同的研究，他们发现抑郁的人在好想法与坏想法上有同等的比例，一个好想法对一个坏想法；而不抑郁的人大约是两个好想法对一个坏想法。治疗结果也支持这项发现：病情有所改善的抑郁病人从 1:1 的比例进步到 2:1，没有改善的病人仍停留在 1:1。

你可以做些什么？来帮助孩子将好想法与坏想法的比例保持在 2:1 呢？

睡前的宝贵时间

与孩子睡前在一起的几分钟，可能是一天里最宝贵的时间了。在家里，我们用最宝贵的时间来回顾一天中发生的好事与坏事。我们利用这种方法来塑造孩子的积极情绪与消极情绪的比例，希望罗拉与妮基在成长的过程中会采用此比例。

关灯后，曼迪、罗拉与妮基贴身睡在一起。

曼迪：亲爱的罗拉，今天有哪些事是你喜欢做的？

罗拉：我喜欢玩，我喜欢和莉亚及安德列亚去公园里玩。我喜欢在我的房间内吃饼干。我喜欢去游泳，和爸爸一起跳水。我喜欢去吃午餐和拿我自己的盘子。

妮基：我喜欢吃巧克力草莓。

罗拉：我喜欢和达里尔一起玩他的小车。我喜欢把衣服脱掉只穿内裤。

妮基：我也是。

罗拉：我喜欢读单词。我喜欢看人家在河里划船和在人行道上溜旱冰。我喜欢和爸爸一起去拿电影票和付钱。

曼迪：还有什么？

罗拉：我喜欢晚饭时和达里尔玩躲猫猫。我喜欢在浴缸里和妮基玩美人鱼。我喜欢与爸爸玩“万能机器”，我喜欢看巴尼。

妮基：我也是，我喜欢巴尼。

曼迪：今天有没有什么坏事情发生呢？

罗拉：达里尔咬我的背。

曼迪：是啊，那很痛的。

罗拉：很痛很痛。

曼迪：他真是一个小婴儿，我们得教他不能够咬人。我们明天就开始教他，好不好？

罗拉：好。我不喜欢莉亚的兔子死掉。我也不喜欢妮基编的故事，说是我们的狗莱迪把兔子杀死吃掉。

曼迪：对，那很残忍。

罗拉：糟透了。

曼迪：我也不喜欢妮基的故事，但是她年纪还小，不懂事。她是随便编的故事。兔子死了很可怜，可是它已经很老了，又生病。也许莉亚的爸爸会再给他们买只新的。

罗拉：也许。

曼迪：听起来你今天过得不错。

罗拉：妈妈，有多少件好事情？

曼迪：（猜着）我想有 15 件。

罗拉：多少件坏事情呢？

曼迪：两件？

罗拉：哇！一天有 15 件好事情！我们明天要做些什么？

快 3 岁的妮基还需要一些提示，但是 5 岁的罗拉通常有一连串的好事情可说。在孩子睡前拥有的思维具有丰富的视觉想象，而且是他们睡梦中的题材。梦中的景象与抑郁有关，抑郁的成人和儿童的梦中充满的是失败与被拒绝。有趣的是，每一种抵抗抑郁的药都会防止做梦。我们相信睡前的最宝贵时间不仅可以制造美梦，更可以提供积极的心理生活的基础。

解释风格

孩子有了掌控感作为发展的基础，有正面积极的情绪作为中坚力量，乐观的解释风格就可稳坐上层了。到了两岁时，孩子开始用简单的口语解释事情（刚两岁的妮基哭着说“罗拉吓我”，或是站在电脑旁边喊“爸爸我不会”）。到 3 岁时，就可明显地看出孩子正努力地发觉世界上各种事情发生的复杂原因。他说的许多话包含不同的“因为”，也问许多“为什么”的问题。有一天妮基告诉我：“王子要和贝尔结婚，不要和睡美人结婚，因为贝尔穿了一件蓝色衣服。”当我问她为什么皱着眉头时，她说:“因为我要吃东西。”在某些时候，一种风格，即对某种解释具有持续的偏见，就会从众多不同的混乱起因中形成，这些解释风格典型地分为悲观的或是乐观的。研究这些内容的学者还无法判定风格是在何时定型，但是**我的假说认为风格是与生俱来的，在学龄前就已形成。**

在这重要的几年中，父母可以教导孩子乐观的解释风格。教给年龄较大儿童的监督与反驳的自动思维是无法教予学龄前儿童的。学龄前儿童还没有“后摄认知”，他们没有能力思考或表达自身思维，但是他们十分留意他人的解释风格。他们会被动地吸收父母的风格，如在第 9 章中所提，你与你的配偶互相谈话或争辩的方式以及你批评孩子的方式，都会被孩子吸收。我们也观察到孩子会通过书本、电影、漫画等媒介学习说话的方式。

曼迪和我应用这种奇妙的模仿能力来教孩子乐观的解释风格。当妮基无法做某些事时，我们将情况外化到妮基故事里的兔子“歪歪”的身上，用“歪歪”来做乐观的解释。几个月前，罗拉开始上芭蕾舞课。妮基对此十分困惑不解，因为她也想去跳舞，但是因为年纪太小，无法参加，但她并不这样想，她只看到损失。“太小”是个短暂性解释，孩子都会长大的。所以我们告诉妮基以下的故事，使她觉得十分安慰。

有一天早上，歪歪很早起来。太阳好明亮，她从床上跳起来往外看。突然她想今天是星期四，星期四是她的姐姐去上芭蕾舞课的日子。而歪歪得在外面等。歪歪很想去跳舞。芭蕾舞看起来十分有趣而且所有的小兔子都看起来好漂亮。

妈妈说：“今天是表演会，让我们来看看该穿什么衣服。”歪歪和姐姐都穿着特别的舞衣，歪歪则穿着她最喜欢的蓝色小裙子。

当她们到学校时，所有的小兔子都穿着漂亮的舞衣。妈妈与歪歪看姐姐在台上表演。歪歪实在忍不住了，她开始哭呀哭的，最后跑到外面去了。

妈妈也出来了，她将歪歪抱起，搂着歪歪并轻轻地吻着她沾满泪水的脸蛋：“我知道你很难过，歪歪，你也想做个芭蕾舞者，是不是？”

歪歪点着头说：“我为什么不能呢？”

“你年纪太小，歪歪。你要到4岁时才能去上芭蕾舞课，你才两岁半呢！”妈妈说着，歪歪又开始哭了。

妈妈说：“我知道了。我们去买双蓝色的芭蕾舞鞋，下了课你可以和姐姐一起练习。如果艾丽斯老师看到你长得又大、跳得又好，也许到9月份你3岁时，她会让你来上课。这样就不用等得太久了，对不对？”

歪歪觉得这是个很棒的主意。艾丽斯老师也同意了。歪歪就觉得好受多了。

第 14 章

要乐观，还要好教养

乐观不是万灵丹。它不能取代父母的好教养，也不能取代孩子发展起来的道德观，更不能取代雄心壮志或是正义感。乐观只是一种工具，是一种强有力的工具。在价值观与雄心壮志面前，良好的工具可促成个人成就与社会正义。

A Proven Program to Safeguard Children Against Depression and Build Lifelong Resilience

你大概认为我是个乐观的大力提倡者，其实不是的，因为我知道乐观是个有好也有坏的恩典。对孩子的好处是很明显的：它帮助孩子在面临不可避免的挫折和悲剧时抵抗抑郁；它帮助孩子在学校、体育场上及课堂上得到比他人预料还多的成就。乐观也带来更佳的健康状况、强壮的免疫系统、较低的传染疾病的几率、少看医生甚至长寿。这些益处都是相当重要的，但是它们并非是绝对的。因为有一件事，乐观者不见得比悲观者强，悲观者可能对现实看得更清楚。

抑郁现实主义

有一项令人困扰的实验结果一直引人争议，20 世纪 70 年代末，我的两位打破传统束缚的研究生劳伦·阿洛伊（Lauren Alloy）和林恩·艾布拉姆森（Lyn Abramson）开展了一项实验。他们让学生对灯光有不同程度的控制。有的完全控制，每一次按按钮灯都会亮，如果不按按钮，灯也从不会亮。但是其他学生完全没有控制，无论他们是否按按钮，灯都会亮。他们就变得无助。

然后要学生尽可能准确地判断他们有多少控制能力。有抑郁症状的学生判断十分准确。当他们有控制能力时，他们能正确地判断，而当他们没有任何控制时，他们也坦白说出。没有抑郁症状的学生让研究者很吃惊，当他们有控制能力时，他们可以做正确的判断，但是当他们无助时，却仍认为他们具有相当强的控制力。

有抑郁症状的人知道事实，不抑郁的人在他们的确无助时，仍有良性幻觉，认为自己并非无助。这项实验的结果当时就使我很困扰，到现在依然如此。25 年前在我刚开始成为心理治疗师时，我以为我会成为快乐且现实的代理人，但是现实与快乐看起来好像是互相冲突的。

抑郁的现实主义有许多支持它的证据：抑郁的人可正确地判断自己具有多少技能，而不抑郁的人则认为，他们所拥有的技能比别人对他的能力所作的判断多更多（80% 的美国男人认为他们的社交技能在平均水准以上）。不抑郁的人记得的好事比实际发生的还多，他们也忘记更多的坏事。抑郁的人在这两者上都很正确。不抑郁的人对成功与失败的信念存在偏颇，如果有奖励，他们会争取功劳，奖励可持续很久，他们自以为对每一件事都很在行。但是如果是失败，那都是别人的错，失败只是一件微不足道的事，很快就会消失。**抑郁的人对成功与失败的看法是公正的。**

虽然这些实验结果颇具戏剧性，但我在此必须提出一项重要的区别。关于抑郁的现实主义实验，绝大多数都不是比较重度抑郁者与非重度抑郁者，而是比较有一些抑郁症状的学生与轻微抑郁症状的学生。这些实验并不表示重度抑郁的人的抑郁程度是可以接受治疗和预防的，而且也不表示他们比非抑郁者拥有更正确的看法。事实上，多数治疗师会告诉你，现实主义得到激烈争论的原因正是因为重度抑郁者的看法是不正确的——他们过分责怪自己，相信自己没有能力控制问题。实际上，他们是有某些控制力的，他们只记得严厉的批评而不记得赞赏奖励。的确，治疗有自杀倾向病患的医生，会向事情永远不会变好、生活会永远像现在一样恐怖这种过分悲观的信念挑战，以试图减少自杀的风险。通常，我们也可以有效地向悲观挑战，因为普遍来讲，事情是会变好的。

有关抑郁的现实主义的辩论一直持续下去，可能是因为轻度抑郁消除了我们自利的偏颇，而强迫我们看清事实。但是一旦抑郁程度加重，就会落入极端的错误，自利的偏颇被自我残害的偏颇所替代。我们可以清楚地看出，严重抑郁时的不正确性与非抑郁时的自利偏颇相比，其代价要高出许多。

正确的乐观

让我来告诉你我为什么会相信本书中的技能是十分重要的，为什么我相信每个儿童都应该熟练并拥有我所说的技能。现在你应该很清楚当我使用“乐观”一词时所指的意义。让我提醒你乐观不包括的事情吧！乐观不是对自己高唱快乐思维或空洞的口号，比如“我是个特定人物”、“别人都喜欢我”或“我的生活会越来越好”等会让你在短时间内心情良好，但是它们不会助你达成目标；乐观不是在事情不顺利时责怪他人，躲避问题的责任，这只会使问题更糟；乐观不是否认或避免悲伤及气愤，负面情绪是丰富生活的一部分，同时它们也是鼓励我们了解或改变不好事情的健康反应。

当你教导孩子乐观，你就是教他认识自己，并对自己及世界所形成的理论感到好奇。你教他对自己的世界及塑造自己的生活采取积极的态度，而不要消极地等待、接受发生在他身上的事。也许以前他接受最坏的想法及解释，将它们视为毫无疑问的事实，但是现在他有能力仔细地反映这些想法，并且评估其正确性。他已具有面对困难时所需的坚定及克服问题的能力了。

因为我深刻地意识到乐观与现实间的紧张形势，所以极力地强调“教导正确性”。不正确的乐观是空虚的，并且不会有效，生活会击败它。反驳与化解灾难只有在能用事实验证之时才会有用。

不像提供“你很特别”的波丽安娜式（Pollyannaish，美国少女喜欢看的小说中的主人公，有盲目乐观之意）的自尊，我教孩子要以实际的观点来看自己。坏事件总是有众多因素的。孩子因三击不中出局而结束球赛，他的球队输了。输球的原因有许多：对方后补投手十分厉害，裁判错判第二个好球，球赛快结束时开始下雨，孩子太晚出击以致挥棒落空等原因。孩子仅集中注意原因之一且将它灾难化，“我太晚挥棒，我太差了”。正确性会使他也看到其他原因，了解“我太差了”并不是紧随事实来的。教他乐观几乎总是与教他正确性相一致的。

我们该不该担心在实际问题发生时乐观的孩子会无法看出呢？我们不要教孩子戴着眼罩，看不见贫穷、罪行、仇恨、嫉妒和折磨。我们也不要孩子看到被污染的河里都是死掉的鱼而令他们立刻想到“大自然会自己愈合，我不需要担心”。我们也不要年轻人开车经过贫民窟，躲在舒适的小空间内，无法正视四周的困苦与无望而对自己说“事情一定会好转的”。

正确的乐观不会陷入这些陷阱，“大自然会自己愈合”必须经过事实的检验。有时候的确如此，例如美国在太平洋的比基尼群岛试爆核武器，在几年之内，生命又再次欣欣向荣，但是当放射性会持续 50 年，或某一物种绝种时，则不会有再次繁荣。正确的乐观并非在面临折磨与不公时不采取行动。“事情一定会好转的”要有事实验证。正确的乐观者会认为，“可以抓住机会时，就有希望，那样事情会好转；没有希望时，事情则不会好转”。

因此，乐观不是万灵丹。它不能取代父母的良好教养，也不能取代孩子发展起来的强烈道德观，更不能取代雄心壮志或是正义感。乐观只是一种工具，是一种强有力的工具。在强烈的价值观与雄心壮志面前，良好的工具就可促成个人成就与社会正义。

未来，属于终身学习者

我这辈子遇到的聪明人（来自各行各业的聪明人）没有不每天阅读的——没有，一个都没有。巴菲特读书之多，我读书之多，可能会让你感到吃惊。孩子们都笑话我。他们觉得我是一本长了两条腿的书。

———查理·芒格

互联网改变了信息连接的方式；指数型技术在迅速颠覆着现有的商业世界；人工智能已经开始抢占人类的工作岗位……

未来，到底需要什么样的人才？

改变命运唯一的策略是你要变成终身学习者。未来世界将不再需要单一的技能型人才，而是需要具备完善的知识结构、极强逻辑思考力和高感知力的复合型人才。优秀的人往往通过阅读建立足够强大的抽象思维能力，获得异于众人的思考和整合能力。未来，将属于终身学习者！而阅读必定和终身学习形影不离。

很多人读书，追求的是干货，寻求的是立刻行之有效的解决方案。其实这是一种留在舒适区的阅读方法。在这个充满不确定性的年代，答案不会简单地出现在书里，因为生活根本就没有标准确切的答案，你也不能期望过去的经验能解决未来的问题。

而真正的阅读，应该在书中与智者同行思考，借他们的视角看到世界的多元性，提出比答案更重要的好问题，在不确定的时代中领先起跑。

湛庐阅读App：与最聪明的人共同进化

有人常常把成本支出的焦点放在书价上，把读完一本书当作阅读的终结。其实不然。

时间是读者付出的最大阅读成本

怎么读是读者面临的最大阅读障碍

“读书破万卷”不仅仅在“万”，更重要的是在“破”！

现在，我们构建了全新的“湛庐阅读”App。它将成为你“破万卷”的新居所。在这里：

- 不用考虑读什么，你可以便捷找到纸书、电子书、有声书和各种声音产品；
- 你可以学会怎么读，你将发现集泛读、通读、精读于一体的阅读解决方案；
- 你会与作者、译者、专家、推荐人和阅读教练相遇，他们是优质思想的发源地；
- 你会与优秀的读者和终身学习者为伍，他们对阅读和学习有着持久的热情和源源不绝的内驱力。

从单一到复合，从知道到精通，从理解到创造，湛庐希望建立一个“与最聪明的人共同进化”的社区，成为人类先进思想交汇的聚集地，与你共同迎接未来。

与此同时，我们希望能够重新定义你的学习场景，让你随时随地收获有内容、有价值的思想，通过阅读实现终身学习。这是我们的使命和价值。

CHEERS

以一本书为核心

遇见书里书外，更大的世界

有声书

随时随地，有温度、
有感情地听本书

精读

2~4周，带你读完、
读懂、读透一本好书

讲书

30分钟
大咖给你讲本书
让你挑书不费劲

课程

权威专家带你快速浏览
一个领域的知识概貌

纸质书

湛庐纸书一站购买
还有读者专享福利

电子书

最新最全的湛庐电子书
随时随地亲自阅读

延伸阅读

编辑精心制作的内容拓展
测试、视频、注释、参考文献
只为优化你的体验

专题

主题式阅读书单
让你与更多好书相遇

湛庐文化获奖书目

《爱哭鬼小隼》
国家图书馆“第九届文津奖”十本获奖图书之一
《新京报》2013 年度童书
《中国教育报》2013 年度教师推荐的 10 大童书
新阅读研究所“2013 年度最佳童书”

《群体性孤独》
国家图书馆“第十届文津奖”十本获奖图书之一
2014“腾讯网・啖书局”TMT 十大最佳图书

《用心教养》
国家新闻出版广电总局 2014 年度“大众喜爱的 50 种图书”生活与科普类 TOP6

《正能量》
《新智囊》2012 年经管类十大图书，京东 2012 好书榜年度新书

《正义之心》
《第一财经周刊》2014 年度商业图书 TOP10

《神话的力量》
《心理月刊》2011 年度最佳图书奖

《当音乐停止之后》
《中欧商业评论》2014 年度经管好书榜・经济金融类

《富足》
《哈佛商业评论》2015 年最值得读的八本好书
2014“腾讯网・啖书局”TMT 十大最佳图书

《稀缺》
《第一财经周刊》2014 年度商业图书 TOP10
《中欧商业评论》2014 年度经管好书榜・企业管理类

《大爆炸式创新》
《中欧商业评论》2014 年度经管好书榜・企业管理类

《技术的本质》
2014“腾讯网・啖书局”TMT 十大最佳图书

《社交网络改变世界》
新华网、中国出版传媒 2013 年度中国影响力图书

《孵化 Twitter》
2013 年 11 月亚马逊（美国）月度最佳图书
《第一财经周刊》2014 年度商业图书 TOP10

《谁是谷歌想要的人才？》
《出版商务周报》2013 年度风云图书・励志类上榜书籍

《卡普新生儿安抚法》（最快乐的宝宝 1·0~1 岁）
2013 新浪“养育有道”年度论坛养育类图书推荐奖

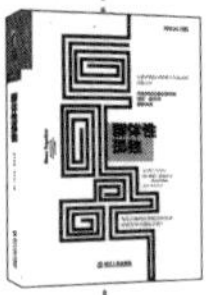

图书在版编目（CIP）数据

教出乐观的孩子：让孩子受用一生的幸福经典 /（美）马丁·塞利格曼 等著；洪莉译 .—北京：北京联合出版公司，2017.5（2025.5重印）

ISBN 978-7-5502-9045-7

Ⅰ .①教… Ⅱ .①马… ②洪… Ⅲ .①家庭教育 Ⅳ .① G78

中国版本图书馆 CIP 数据核字（2016）第 268694 号

著作权合同登记号

图字：01-2016-8620

上架指导：家庭教育 / 心理学

教出乐观的孩子：让孩子受用一生的幸福经典

作　　者：［美］马丁·塞利格曼 等 著

译　　者：洪莉 译

选题策划：湛庐文化

责任编辑：管 文

封面设计：湛庐文化

版式设计：湛庐文化

北京联合出版公司出版

（北京市西城区德外大街 83 号楼 9 层 100088）

天津中印联印务有限公司印刷 新华书店经销

字数 208 千字 710 毫米 ×965 毫米 1/16 16.75 印张 3 插页

2017 年 5 月第 1 版 2025 年 5 月第 23 次印刷

ISBN 978-7-5502-9045-7

定价：59.90 元
